Stephen Jay Gould

Der Jahrtausend-Zahlenzauber
Durch die Scheinwelt numerischer Ordnungen

Aus dem Amerikanischen
von Sebastian Vogel

S. Fischer

Frontispiz: Michelangelo, *Das Jüngste Gericht* (1536–1541), Detail.
Sixtinische Kapelle, Vatikan. Courtesy of Alinari/Art Resource,
New York.

2. Auflage August 1999
Die amerikanische Originalausgabe erschien 1997 unter dem Titel
»Questioning the Millennium« bei Harmony Books, New York
© 1997 by Stephen Jay Gould
Für die deutsche Ausgabe:
© S. Fischer Verlag GmbH, Frankfurt am Main 1999
Gesetzt aus der Goudy-Antiqua
im S. Fischer Verlag auf Apple Macintosh/QuarkXPress
Druck und Einband: Clausen & Bosse, Leck
Printed in Germany
ISBN 3 10 027810 0

Inhalt

Dem Andenken meines lieben Freundes Carl Sagan, des leidenschaftlichsten Rationalisten unserer Zeit, des besten Anwalts der Naturwissenschaft unseres Jahrtausends.

Vorhersagbarkeit

Der grösste Jahrtausendirrtum

In kaum einem anderen Jahr prägten so viele neue Ideen den Lauf der Menschheitsgeschichte wie 1776. In Großbritannien veröffentlichte Adam Smith sein Werk *The Wealth of Nations*. Zur gleichen Zeit setzten sich in einer britischen Kolonie jenseits des Atlantiks, in einer Stadt, die in der Zahl ihrer englischsprechenden Einwohner an zweiter Stelle gleich hinter London stand, eine Reihe bemerkenswerter Männer zusammen und verfaßten eine Erklärung, die einer neuen Nation von nun an immer einen Anlaß bieten würde, Anfang Juli ein Feuerwerk zu veranstalten. Im gleichen Jahr trat in Frankreich der große Physiker und Mathematiker Pierre-Simon Laplace mit einer Argumentation an die Öffentlichkeit, die einer alten Idee – dem universellen Determinismus – neue Stichhaltigkeit und eine Definition verlieh. Trotz aller Unsicherheiten unseres komplizierten Lebens und unserer Umgebung, so Laplace, spielen sich sämtliche Ereignisse (einschließlich aller Handlungen des scheinbar ungebundenen menschlichen Willens) nach dem Diktat der unveränderlichen Naturgesetze ab. Diese Gesetze lassen sich in präzisen mathematischen Begriffen formulieren; außerdem erlauben sie keinen Zweifel am Ergebnis, vorausgesetzt, wir kennen sowohl die Gesetze selbst als auch den Ausgangspunkt (das heißt die anfängliche Anordnung von Teilchen und Kräften) für alle Objekte, die von diesen Gesetzen beeinflußt werden.

Deshalb prahlte Laplace mit einem der berühmtesten Bilder der Wissenschaftsgeschichte: Sagt mir Position und Bewegung jedes Teilchens im Universum zu einem beliebigen Zeitpunkt in der Vergangenheit, und ich werde alle zukünftigen Ereignisse in sämtlichen Einzelheiten nennen können, selbst solche, die höchst launisch und wenig folgerichtig wirken oder unter dem Einfluß des »freien Willens« der Menschen zu stehen scheinen.

> Der derzeitige Zustand des Systems der Natur ist offensichtlich eine Folge dessen, was sie im vorausgehenden Augenblick war, und wenn wir uns eine Intelligenz vorstellen, welche in einem gegebenen Augenblick alle Beziehungen zwischen den Gebilden dieses Universums begreift, könnte sie die Position, die Bewegungen und die allgemeinen Zustände aller dieser Gebilde zu jedem Zeitpunkt in Vergangenheit oder Zukunft feststellen.

Laplace wurde vor allem mit seinen Untersuchungen zur Himmelsmechanik berühmt, aber seinen bis heute andauernden Ruf als einer der größten Naturwissenschaftler in der abendländischen Geschichte verdankt er ebenso seinen Pionierarbeiten auf dem Gebiet der Wahrscheinlichkeitsrechnung, mit der man das Verhalten zufallsbestimmter Systeme und Vorgänge verstehen kann. Aber wie passen diese beiden Ursachen für Laplaces Ruhm zusammen? Warum sollte ein Denker, der vor allem deshalb gefeiert wurde, weil er Naturwissenschaft mit der Voraussage in einem vollständig deterministischen Universum gleichsetzte, einen großen Teil seiner Laufbahn darauf verwenden, ein mathematisches System zur Analyse von Zufälligkeiten zu entwickeln? Um diesen scheinbaren Widerspruch aufzulösen, verteidigte Laplace seine Vorstellung von einem ganz und gar deterministischen Kosmos, aber gleichzeitig räumte er ein, den Menschen seien nicht alle Naturgesetze bekannt, und mit Sicherheit könnten sie nicht die Positionen und Bewegungen aller Teilchen in irgendeinem Augenblick der Vergangenheit kennen (denn solche Erkenntnisse hätten in den Annalen der aufgezeichneten Geschichte nicht überlebt). Und da wir uns demnach das erforderliche Wissen für eine Voraussage nicht verschaffen können, sei die Wahrscheinlichkeitsrechnung der beste praktische Leitfaden für Prognosen. Mit anderen Worten: Wir leben tatsächlich in einem vorherbestimmten Universum, aber durch die beschränkten menschlichen Fähigkeiten kommt auch in unsere besten Einschätzungen ein Element der Zufälligkeit und scheinbaren Unsicherheit. Laplace schrieb:

Unkenntnis der verschiedenen Ursachen, welche an der Erzeugung von Ereignissen mitwirken, sowie ihre Kompliziertheit verhindern zusammen mit der Unvollkommenheit unserer Analyse, daß wir ... bei der großen Mehrzahl der Phänomene ... zur Sicherheit gelangen. So kommt es, daß wir der Schwäche des

menschlichen Geistes eine der raffiniertesten und erfindungs-
reichsten mathematischen Theorien verdanken, nämlich die
Wissenschaft der Chance oder Wahrscheinlichkeit.

Ich stelle diese historische Begebenheit an den Anfang
meines Vorwortes über die Frage, warum man die Zukunft
der Menschen nicht sinnvoll voraussagen kann – und zwar
nicht nur wegen praktischer Beschränkungen, sondern
aus prinzipiellen wissenschaftlichen und philosophischen
Gründen –, weil Laplaces berühmte Prahlerei auch heute
noch die übliche Vorstellung vom Wesen der Realität darstellt und als solche eine große Macht besitzt. Damit die
Behauptung von einer »prinzipiellen Nichtvorhersagbarkeit« Anerkennung findet oder auch nur verständlich
wird, muß man zunächst die Voraussetzung des Laplaceschen Determinismus in Frage stellen.

Wir Naturwissenschaftler haben eine starke Vorliebe
für Laplaces Prinzip, denn seine Formulierung verschafft
unserem Berufsstand eine privilegierte Stellung. Die
Möglichkeit zur Vorhersage wurde das wichtigste Kriterium für das Verstehen (in einem deterministischen Universum), und die Hilfsmittel für eine solche Voraussage
besitzt die Naturwissenschaft. Müssen wir unsere Prophezeiungen in Form von Wahrscheinlichkeiten abgeben,
gestehen wir nur eine Beschränkung der menschlichen
Fähigkeiten ein, die immer geringer werden wird, weil
der Fortschritt der Wissenschaft und die Verminderung
der Unsicherheit im Gleichschritt vorankommen.

Nach meiner Überzeugung enthält Laplaces Formulierung zwei falsche Folgerungen, die dem geistigen Leben nur schaden können, weil sie Engstirnigkeit und Hierarchiedenken fördern. Erstens stellt die Gleichsetzung der Fähigkeit zur Voraussage mit hervorragendem oder ausgereiftem Wissen eine falsche Rangfolge der Wissenschaften auf: Ganz oben steht demnach die harte Physik, und »butterweiche« Disziplinen wie meine eigene, die Paläontologie (von vollkommen schwammigen Gebieten wie Psychologie und Soziologie gar nicht zu reden) bilden die untersten Stufen. Mit der Physik der Himmelsmechanik kann man die nächste Sonnenfinsternis auf die Minute genau vorausberechnen, aber ich kann nicht sagen, wohin die Evolution der Menschen im nächsten Jahrtausend führen wird, und meine Kollegen in den Sozialwissenschaften wissen nicht einmal, welchen Einfluß die Weltuntergangsbewegungen im ersten Jahrzehnt des kommenden Jahrhunderts gewinnen werden.

Und zweitens schafft die Begeisterung für die Vorhersagbarkeit nicht nur falsche Zusammenhänge innerhalb der Naturwissenschaft, sondern sie führt auch zu einer ebenso fehlerhaften Unterscheidung zwischen der angeblich höherstehenden, eigenständigen Naturwissenschaft und anderen Formen der menschlichen Kreativität. Künstler mögen ihre Ängste ausdrücken, Philosophen und Theologen mögen wüten, klagen und vernebeln; aber nur die Naturwissenschaft kann wissen. Warum würden wir uns sonst an die Naturwissenschaft halten, wenn wir uns wieder einmal mit jener heftigen Nabelschau und mühseligen Vorhersagerei befassen, die durch jeden größeren Übergang in unseren willkürlichen Maßstäben ausgelöst wird – eine Tätigkeit, die im Zusammenhang mit dem Kalender sogar als »fin de siècle« (Ende des Jahrhunderts) bekannt ist und jetzt, zum »fin de millennium«, nur um so stärker wird? Bei Künstlern suchen wir vielleicht Erleuchtung, bei Theologen Perspektive, bei Politikern tröstende Leere. Aber praktische Ratschläge und handfeste Richtlinien erwarten wir von Naturwissenschaftlern.

Betrachten wir nur einmal, wie Naturwissenschaften zwischen den beiden einzigen Jahrtausendwenden, die unser derzeitiger Kalender erlebt hat, die Stärke und das Wesen der Angst verändert haben. Im Jahr 1000 (soweit die Menschen in Europa diesem Augenblick einen apokalyptischen Dreh gegeben haben und das System zum Zählen der Jahre überhaupt kannten – ein Thema, das unter Historikern immer noch umstritten ist) fürchteten sich die Menschen vor der erhabenen Größe der zweiten Wiederkehr Christi, der Fesselung des Satans und dem Beginn der segensreichen, tausendjährigen Herrschaft Jesu auf Erden. Im Jahr 2000 kreisen unsere Ängste um ein technisches Versagen, das unsere Computer veranlaßt, die 00 eines zweistelligen Datums (das heißt die letzten beiden Zahlen einer vierstelligen Jahreszahl) nicht als 2000, sondern als 1900 zu lesen. Manche Überlebenskünstler hamstern in übertriebener Angst vor dem großen Computerzusammenbruch vielleicht schon Lebensmittel, aber der Verfolgungswahn wird uns (wie die Armut) immer begleiten (und beide werden hoffentlich in unserer Bevölkerung nur mit geringer Häufigkeit vorkommen). Als Normalverbraucher, der auf eine Jahrtausendwende mit möglichst wenig Unannehmlichkeiten hofft, ziehe ich das Y2K dem Armaggedon jederzeit vor!

Natürlich leugne ich nicht, daß Voraussagen unter geeigneten Umständen ein machtvolles und wünschenswertes Ziel der Naturwissenschaft sind. Aber ich möchte – und das ist das zentrale Thema dieses Vorworts – folgende Ansicht darlegen: Daß wir in den meisten wichtigen Fragen, die durch die Angst vor der Jahrtausendwende angeregt werden, keine Aussagen über die Zukunft machen können – und damit meine ich nicht nur unsere Unfähigkeit, einer allgemeinen Voraussage den letzten Schliff zu geben, sondern die Unmöglichkeit, auch nur annähernd ein Spektrum der Möglichkeiten abzustecken –, spiegelt nicht nur das mangelnde Wissen der Menschen über eine deterministische Welt wider, sondern es ist ein Musterbeispiel für die faszinierende Realität komplexer Systeme, die im Laufe der Zeit eine historische Entwicklung durchmachen. Mit anderen Worten: Nichtvorhersagbarkeit ist in der Regel keine Folge unserer beschränkten Vernunft oder des unzureichenden Wissensstandes der Menschen, sondern das eigentliche Wesen der Dinge.

Wenn es gelingt, mit dieser Laplace genau entgegengesetzten Sichtweise die falsche Rangordnung unter den Wissenschaften aufzuheben und auch jene größere Klassifikation über den Haufen zu werfen, welche die hochnäsig-objektive Naturwissenschaft von allen anderen Formen kreativen menschlichen Denkens trennt (das in abschätziger Unterscheidung als subjektiv bezeichnet wird), können wir unser geistiges Leben vielleicht unter einem besseren Begriffssystem zusammenführen und außerdem (als Nebenprodukt für unseren besonderen historischen Zeitpunkt) lernen, die Jahrtausendfragen der sinnlosesten Art zu vermeiden – unsere Sehnsucht, die Zukunft zu kennen und die Naturwissenschaft mit der Aufgabe einer genauen Prognose zu belasten.

Auch wenn ich dieses neue Vorwort schreibe, halte ich hartnäckig an meiner Entschlossenheit fest, mich von der Flut der Jahrtausendbücher abzuheben: Ich befasse mich nicht mit dem allgemein üblichen Thema, die Zukunft der Menschheit unseres Planeten vorauszusagen, sondern ich konzentriere mich statt dessen auf eine Reihe von Fragen, die vergleichsweise klein und trivial zu sein scheinen, die aber vielleicht unsere beste Strategie darstellen, um fruchtbare (in dem zugegebenermaßen engstirnig-naturwissenschaftlichen Sinn, eine mögliche Lösung anzubieten) Kommentare zu den ebenfalls »großen Fragen« nach der Seele des Menschen und den Möglichkeiten des Planeten abzugeben. Der Leser möge mir meine schriftstellerische »Doppelverwertung« verzeihen (anschließend folgt mein ursprüngliches Vorwort, und dort, auf Seite 39 ff., kommt die gleiche Passage noch einmal vor); in meiner ersten Einleitung zu diesem Werk schrieb ich:

Ich werde mich völlig und aus Prinzip der beiden Hauptthemen der Fin-de-siècle-Literatur enthalten, insbesondere jener der apokalyptischen Art, wie sie von dem Übergang in ein neues Jahrtausend angeregt werden. Ich halte diese Fragen für spekulativ, langweilig und dumm – denn sie sind ein Musterbeispiel für den fundamentalen Fehler der »Neunmalklugen«: für die einfältige Vorstellung, wer sich Hals über Kopf auf die größten Fragen stürze, werde automatisch zu den tiefsten Einsichten gelangen.

Erstens einmal werde ich keine Voraussagen über die Zukunft der Menschen machen ... Und zweitens lehne ich es ab, über die psychologischen Ursachen der Angst zu spekulieren, die immer das Ende eines Jahrhunderts begleitet (von einem Jahrtausend ganz zu schweigen), oder über die Entstehung der Weltuntergangsstimmung, die sich während der gesamten bekannten Geschichte in den menschlichen Kulturkreisen breitgemacht hat, insbesondere unter den Armen und Unzufriedenen.

Statt dessen werde ich mich auf eine Reihe miteinander verwandter Jahrtausendfragen beschränken, die im Vergleich zur Grandezza der unerforschlichen Zukunft vielleicht armselig oder lächerlich erscheinen, die aber (davon, so hoffe ich, werde ich Sie überzeugen) potentiell eine größere Tragweite erlangen könnten, weil man sie auf fruchtbare Weise als allgemeine Fragen über das Wesen der Wahrheit und die Mechanismen des menschlichen Wissens definieren und als Beispiel anführen kann. Gott segne all die kostbaren kleinen Beispiele und ihre zum Sturzbach anwachsenden Folgerungen; ohne diese Juwelen, diese winzigen Eicheln, die den Bauplan des Eichenbaumes in sich tragen, hätten die Essayisten nichts zu tun. Ich möchte auf Kalender und Zahlen zu sprechen kommen; ... auf Sonne und Mond, auf das Alter der Erde und die Geburt Jesu.

Zu dieser Beschränkung stehe ich, denn sie ist ein nützliches Hilfsmittel, um allgemeine Fragen aufzugreifen. Meine Entscheidung führte aber in der ersten Auflage dieses Buches auch zu einem schwerwiegenden Schnitzer. Ich hatte klargestellt, daß ich mich aller Voraussagen enthalten werde, und ich hatte erwähnt, welcher Nutzen sich daraus ergeben kann. Aber ich habe schamlos die entscheidende Frage vernachlässigt – und meinem Buch dadurch Schaden zugefügt –, *warum* Voraussagen in so komplexen Systemen wie der Menschheitsgeschichte oder der globalen Ökologie nicht möglich sind. Deshalb möchte ich eine der wenigen Institutionen nutzen, die einem manchmal eine zweite Chance geben – nämlich die altehrwürdige Kunst des Verlagswesens –, um eine allgemeine Begründung dafür zu skizzieren, warum *prinzipielle Nichtvorhersagbarkeit* das beherrschende, definierende Merkmal komplexer Systeme ist, die sich als zeitlicher Ablauf entfalten.

An die intellektuelle Stichhaltigkeit der beiden wichtigsten Argumente für die prinzipielle Nichtvorhersagbarkeit, die ich in Kürze darstellen werde, glaube ich von ganzem Herzen, aber daß ich sie so nachdrücklich vertrete, liegt auch (und vielleicht vorwiegend) an den ethischen Konsequenzen, die sich aus dem umgekehrten Glauben an die Vorhersagbarkeit ergeben. Wenn wir auf eine Voraussage vertrauen, weil wir glauben, die »Wissenschaft« habe sie gemacht, werden wir mit größerer Wahrscheinlichkeit zu entschlossenen Taten schreiten, deren

Folgen nicht mehr rückgängig zu machen sind. Und wenn diese Voraussagen dann von der tatsächlichen Geschichte über den Haufen geworfen werden – nicht weil unsere wissenschaftlichen Methoden falsch oder unbegründet waren, sondern nur weil unser echtes Wissen die Voraussage, die wir in unserem falschen Selbstbewußtsein überhastet gemacht haben, nicht rechtfertigt –, können wir die bedauerlichen Folgen unseres Handelns nicht mehr ungeschehen machen. (Denken wir zum Beispiel an den Tod und das Leiden der vielen Arbeiter, die in der Anfangszeit an der Erforschung und Anwendung der Radioaktivität beteiligt waren, unter ihnen auch Marie Curie selbst; damals wußte die Wissenschaft von dem intellektuellen Reiz und dem praktischen Nutzen, aber die Gefahren hatte sie noch nicht entdeckt.)

Aus diesem Grund nennen fast alle großen, dauerhaften moralischen Leitsprüche nicht missionarischen Tatendrang, sondern Beschränkung als Handlungsprinzip. Die Goldene Regel fordert selbst in der positiven Formulierung unseres Kulturkreises (»du sollst anderen ...«) weit stärker mitfühlende Zurückhaltung als aktive Wohltat. Vergleichbare Versionen aus den meisten anderen Kulturen begreifen das Prinzip ausdrücklich auf diese »negative« Weise, so zum Beispiel in der Aussage des Konfuzius: »Was du nicht willst, das man dir tu, das füg' auch keinem anderen zu.« Und von den Leitsätzen, die sich seit der klassischen Antike durch alle Zeiten erhalten haben, verkörpert keiner soviel Weisheit wie der medizinische

Grundsatz: *primum non nocere* (vor allem keinen Schaden anrichten). Oliver Cromwell ist nicht gerade für Bescheidenheit oder Tatenlosigkeit bekannt, aber seine berühmte Aufforderung an die Kirche Schottlands aus dem Jahr 1650 kann auch uns zu einer realistischen Prüfung dienen, bevor wir aufgrund einer sicheren Voraussage etwas Unwiderrufliches unternehmen: »Ich flehe euch an, bei den Leiden Christi, zieht in Betracht, ob ihr euch nicht irren könntet.«

Man sollte in diesem ethischen Grundsatz auch keine Ausrede für Schwächlinge und Faulpelze sehen. Unsere Unfähigkeit, den zukünftigen Zustand komplexer Systeme vorherzusagen, kann auch zur entschlossenen Handlung führen (so daß wir eine potentielle Gefahr in ihrem fast lächerlich kleinen Keim ersticken), und zwar ebenso oft wie zur Zurückhaltung (Vorsicht oder Selbstbeschränkung wegen einer hohen Wahrscheinlichkeit unbeabsichtigter, gefährlicher Folgen). Die Nichtvorhersagbarkeit kann unsere Toleranz gegenüber dem Bösen eigentlich nur vermindern, denn wir können nicht sicher sein, daß der harmlose Verrückte von heute nicht der völkermordende Diktator von morgen ist. Man braucht nur daran zu denken, wieviel besser die Geschichte unseres Jahrhunderts möglicherweise verlaufen wäre, wenn Hitler im November 1923 ums Leben gekommen wäre, statt nur ins Gefängnis zu wandern (wo er die Zeit hatte, *Mein Kampf* zu schreiben); immerhin verpfuschte seine aufkeimende nationalsozialistische Bewegung damals noch einen lächerlich kleinen, größenwahnsinnigen Aufstand, der verächtlich als Bürgerbräu-Putsch bezeichnet wurde.

Von den beiden großen Ursachen der prinzipiellen Nichtvorhersagbarkeit möchte ich zunächst die näherliegende betrachten: Das erste Hindernis ist nämlich unsere seltsame Art geistiger Apparat, der sich für andere Aufgaben und Zwecke entwickelt hat und sich nicht besonders gut dazu eignet, über die entscheidenden Elemente jeder prophetischen Kunst nachzudenken. (Ich habe zuvor behauptet, die Nichtvorhersagbarkeit stelle keine vorübergehende Beschränkung dar, die uns durch unsere derzeitige Unkenntnis auferlegt wird, sondern sie liege in der Natur der Dinge. Verwickle ich mich jetzt nicht in Widersprüche, wenn ich die unvollkommene Denkfähigkeit der Menschen als eines der beiden Hauptargumente für die prinzipielle Nichtvorhersagbarkeit anführe? Nein: Aber Laplace begründete die schlechte Voraussagefähigkeit in seiner klassischen Verbindung von Wahrscheinlichkeit und menschlicher Unkenntnis mit unzureichenden Informationen, die durch nachfolgende Untersuchungen verbessert werden können und schließlich zu einer sicheren Voraussage führen. Für ihn war unsere derzeitige Unfähigkeit also keine naturgegebene Eigenschaft, sondern sie beruhte nur auf unserem unvollständigen Wissen über ein vollständig deterministisches Universum. Erwächst die Unfähigkeit jedoch zum Teil aus der neurologischen Struktur und der Evolutionsgeschichte des menschlichen Geistes, wird diese erste Ursache schlechter Voraussage selbst eine natürliche Eigenschaft – auch wenn sie nicht in einer unsicheren Außenwelt, sondern in uns selbst liegt.)

Eine klassische Analyse dieser tief verwurzelten geistigen Hindernisse stammt von Francis Bacon, der seine Schriften Anfang des 17. Jahrhunderts verfaßte, also zur Zeit Shakespeares. Er unterschied vier Kategorien, die er in einer einprägsamen Metapher als »Götzenbilder« bezeichnete. Von diesen sind die *idola tribus* (Götzenbilder des Stammes) am tiefsten in der geistigen Funktionsweise der Menschen verwurzelt, nämlich in dem, was wir auch als »menschliche Natur« bezeichnen. Leider errichten einige dieser Götzenbilder des Stammes (das heißt gemeinsame Eigenschaften aller Angehörigen der Spezies *Homo sapiens*, des »Stammes«, zu dem alle Menschen kraft ihrer Geburt gehören) besonders hohe Hürden für jene Denkweise, die für eine gute Voraussagefähigkeit unentbehrlich ist.

Ich möchte nur zwei Beispiele nennen: Erstens arbeitet der menschliche Geist beim Ordnen sensorischer Daten vorwiegend als Maschine zur Mustererkennung. Anschließend versuchen wir die Muster zu erklären, indem wir sinnvolle Geschichten über ihre Herkunft und Bedeutung erzählen. Aber Zufallssysteme erzeugen immer auffällige Muster – das ergibt sich grundsätzlich aus ihrer Definition. So glauben wir beispielsweise am Himmel sinnvolle Anhäufungen von Sternen zu sehen, die wir dann als Sternbilder bezeichnen und mit einer Geschichte in Verbindung bringen, aber die Häufungen ergeben sich gerade deshalb, *weil* die Sterne in Wirklichkeit – relativ zur Position der Erde – zufällig im Weltraum verteilt sind. (Damit ein Himmel ohne solche Häufungen entsteht, müßten die Sterne nach strengen Regeln einer deterministischen Ordnung bestimmte Abstände einhalten. Oder, um eine überzeugende Parallele anzuführen: Wenn bei einer Folge von Münzwürfen unendlich oft hintereinander immer abwechselnd Kopf und Zahl oben läge, würden wir sofort erkennen, daß hier kein ehrlicher Münzwerfer am Werk ist, obwohl das Verhältnis der Ergebnisse insgesamt 50:50 beträgt, denn in einer echten Zufallsfolge kommt das gleiche Ergebnis auch mehrmals hintereinander vor. Ab und zu – oder genauer gesagt: durchschnittlich in einer von 32 Wurffolgen – sollte mit einer ehrlichen Münze fünfmal hintereinander dieselbe Seite oben liegen.) Da wir also dazu neigen, jede Häufung in einer Zufallsfolge fälschlich für ein sinnvolles, von deterministischen Ursachen bestimmtes Muster zu halten, stützen sich unsere Voraussagen über die Zukunft komplexer Systeme in der Regel auf falsche Extrapolationen von Ursachen, mit denen wir in Wirklichkeit zufällige Muster zu erklären versuchen.

Und zweitens müssen Voraussagen vom Bekannten ausgehen und sich in die unbekannte Zukunft erstrecken; deshalb fällt unsere Fähigkeit zu Prophezeiungen jener Voreingenommenheit zum Opfer, in der schon Bacon das wichtigste Götzenbild des Stammes erkannte: unserer

Neigung, aus der begrenzten, uns bekannten Welt heraus (das heißt aus der zeitlichen und räumlichen Größenordnung unseres eigenen Körpers heraus, von Gegenständen, die ein paar Meter groß sind und ein paar Jahrzehnte lang erhalten bleiben) auf die riesige Gesamtheit von Raum und Zeit zu extrapolieren – das heißt auf zahlreiche Domänen höchst unterschiedlicher Größenordnung, die nach unterschiedlichen Prinzipien und Regeln funktionieren müssen. Ich habe zum Beispiel meine Zweifel daran, ob wir wirklich wissen, wie wir über Themen nachdenken sollen, die unserer eigenen Erfahrungswelt so »fremd« sind, daß wir sie mit unzulänglichen Begriffen wie »Unendlichkeit« oder »Ewigkeit« belegen müssen. (Ist der »Urknall« wirklich der Anfang unseres bekannten Universums, ja ist es uns überhaupt gelungen, eine solche Frage über den Anfang richtig zu stellen? Eignet sich der Begriff »Anfang« überhaupt für solche gewaltigen Größenordnungen? Vielleicht verleitet uns auch nur unser eigenes Leben in unserer begrenzten Welt zu der – vermutlich – falschen Vorstellung, alle materiellen Gebilde müßten einen Anfang und ein Ende haben.)

Jorge Luis Borges, der ein großer Bewunderer Bacons war, verdeutlichte dieses Dilemma in seiner großartigen Kurzgeschichte »Averroes auf der Suche«. Sie handelt von den nutzlosen Versuchen dieses größten islamischen Aristoteles-Kommentators, die Bedeutung von zwei Begriffen – Tragödie und Komödie – zu ergründen, die in den Schriften des Meisters häufig vorkommen, für die es aber in Averroes' eigenem Kulturkreis keine plausible Entsprechung oder Analogie gibt. Welche ähnlich unerreichbaren Begriffe müßten wir formulieren, damit sie uns als Leitfaden für bessere Voraussagen über die Zukunft komplexer Systeme dienen könnten?

Der zweite – äußere – Grund für die prinzipielle Nichtvorhersagbarkeit sticht mit seiner Zwangsläufigkeit jede innere Ursache aus. Selbst wenn wir in der Lage wären, alle Götzenbilder des Stammes zu zerschmettern und unser Gehirn so einzustellen, daß es die äußere Realität mit vollkommener Genauigkeit und Originaltreue lesen kann, wäre es uns immer noch nicht möglich, den zukünftigen Zustand komplexer Systeme vorherzusagen, weil diese Systeme selbst sich im Laufe der Zeit nicht deterministisch entwickeln. Selbst Laplaces allwissender Dämon – das hypothetische Wesen, das alle Naturgesetze kennt und die Position und Bewegung sämtlicher Teilchen des Universums in einem bestimmten Augenblick aufgezeichnet hat – könnte die Verhältnisse in einer zukünftigen Welt nicht beschreiben, weil zuviel nicht reduzierbare Zufälligkeit auf die echten, regelhaften Gesetzmäßigkeiten der Natur einwirkt und sich mit ihnen mischt.

In der Tatsache, daß Begriffe wie Chaostheorie, nichtlineare Dynamik, Bifurkation und fraktale Geometrie in den letzten zehn Jahren soviel Aufregung verursacht haben, spiegelt sich nur ein Aspekt (und zwar der schwächere) dieser äußeren Ursache für die Nichtvorhersagbarkeit wider. Die genannten neuen Ideen erkennen nämlich den Laplaceschen Determinismus an, aber dann machen sie deutlich, wie hoffnungslos die Annahme ist, wir könnten in einer solchen deterministischen Welt jemals zu genauen Voraussagen gelangen. Der größte Teil der Laplaceschen Mathematik führte zu einem hübsch ordentlichen Universum, in dem die Größe der Wirkungen fein säuberlich zur Stärke der Ursache paßt und in dem Zu- und Abnahme allmählich und kontinuierlich verlaufen. Die Mathematik der Chaostheorie dagegen bringt so wilde Phänomene wie plötzliche Bifurkation und Wendepunkte hervor, und erstaunlich unterschiedliche Folgen ergeben sich aus nichts anderem als einem derart winzigen Unterschied in den Anfangsbedingungen, daß auch die genauesten vorstellbaren Meßinstrumente ihn am Ausgangspunkt nicht feststellen könnten.

Selbst wenn die Natur also deterministisch funktionieren würde (wenn also ein allwissender Laplacescher Dämon im Prinzip zur Voraussage in der Lage wäre), wären die Menschen in einer Welt, die sich nach der Mathematik der Chaostheorie verhält, immer noch völlig unfähig, vollständige Voraussagen zu machen (angesichts der lawinenartig anwachsenden Unterschiede, die sich aus unmeßbar kleinen Abweichungen zwischen den Ausgangspunkten zweier Systeme ergeben, könnten wir diesem Ziel nicht einmal nahe kommen). Aber in der Natur gibt es für die prinzipielle Nichtvorhersagbarkeit noch ein viel stärkeres Argument; es besiegt auch Laplaces Dämon und steckt ihn in die gleiche Kiste, in der auch wir Menschen hausen müssen.

Mir ist klar, daß dieses zentrale Thema eher in die Philosophie als in die Naturwissenschaft gehört – denn die entscheidende Frage, von der ich hier spreche, können wir zwar formulieren, aber wir können sie nicht beantworten, indem wir auf Daten aus der Welt der Empirie (das heißt aus der Domäne, die der Naturwissenschaft zugänglich ist) zurückgreifen. Die Nichtvorhersagbarkeit, die aus der Chaostheorie folgt, hat ihre Ursachen in prinzipiellen, unüberwindlichen Beschränkungen unserer Beobachtungsfähigkeit in einer deterministischen Welt, in der die Anfangsbedingungen (die wir weder kennen noch beschreiben können) tatsächlich ein bestimmtes Ergebnis festlegen. Aber wie steht es, wenn die Wirklichkeit tatsächlich einen großen Bestandteil echter, nicht reduzierbarer Zufälligkeit im starken (ontologischen) Sinn enthält – wenn also Zufälligkeit sich nicht nur in unserer Unfähigkeit zeigt, die Bedingungen, die eine Voraussage möglich machen, festzustellen und kennenzulernen, sondern wenn diese Zufälligkeit zum Kern der Dinge selbst gehört? (Eigenschaften, die im wirklichen, äußeren Wesen der Dinge wurzeln, bezeichnet man als »ontologisch«, beruhen sie dagegen auf dem, was wir an den Dingen beobachten und in Erfahrung bringen müssen, heißen sie »epistemologisch«. Das erste, auf die Chaostheorie gestützte Argument vertritt die epistemologische Zufälligkeit; das zweite, das von nicht reduzierbaren Zufällen in der Natur spricht, greift auf ontologische Zufälligkeit zurück. Die meisten Menschen würden das ontologische Argument für prinzipiell stichhaltiger halten, wenn es darum geht, Aussagen über das wahre Wesen der Dinge und nicht über die erforderlichen Methoden zum Wissenserwerb zu machen.)

Dennoch gewinnt die prinzipielle Nichtvorhersagbarkeit durch beide Argumente an Gewicht, und zwar auf eine Weise, die man nur als »lustig« bezeichnen kann (im tieferen Sinne des Wortes »lustig«: Es kitzelt nicht nur unsere Lachmuskeln, sondern ist so seltsam, daß es unsere Aufmerksamkeit erregt und uns fesselt). Und da beide Argumente vermutlich stichhaltig sind (das heißt, zur Natur gehört wahrscheinlich ein gerüttelt Maß an echter, nicht reduzierbarer Zufälligkeit, und die ist gemischt mit festgelegten Ergebnissen, die wir nicht kennen können und deren Voraussage uns nicht einmal annäherungsweise möglich ist), tut die Natur sogar zuviel des Guten: Mit einer doppelten Boshaftigkeit macht sie die alte Laplacesche Sehnsucht nach einer deterministischen Welt voller vernünftiger, vorhersagbarer Ordnung zunichte.

Nach meiner Überzeugung gibt es in der Natur kein tiefer liegendes oder wichtigeres Prinzip als diese viel zu wenig beachtete »Zufälligkeit«, die den Kern aller historischen Abläufe bildet: Es ist die großartige, befreiende Erkenntnis, daß winzige Einflüsse, die praktisch unsichtbar und ursprünglich lächerlich wirkungslos sind, die Geschichte lawinenartig auf einen von sehr vielen, völlig verschiedenen Wegen lenken können. Und da wir das praktisch unendliche Spektrum solcher Einflüsse weder kennen noch steuern oder vorhersagen können, sind die zukünftigen Zustände komplexer natürlicher Systeme prinzipiell nicht vorhersagbar. Diese grundlegende Eigenschaft der Natur haben Dichter und Maler besser verstanden als die Naturwissenschaftler, die sich im allgemeinen von der Laplaceschen Prahlerei (und auch von der falschen Annahme, man könne die Vorhersagbarkeit einfacher Phänomene wie einer Mondfinsternis oder der Kristallstruktur von Quarz auch auf komplexe historische Abläufe wie die Evolution der Lebewesen oder die Entwicklung des Christentums aus seinen unscheinbaren Anfängen übertragen) an der Nase herumführen lassen. Die literarische Welt hat für dieses Prinzip sogar einen Leitsatz: »Der Verlust eines Königreiches wegen eines fehlenden Hufnagels.«

Dieses Prinzip der Zufälligkeit ist auch in der Natur in allen Größenordnungen auf fraktale Weise wirksam – von den Besonderheiten jedes einzelnen Lebewesens (der glücklichen Samenzelle, der einen unter mehreren Millionen, aus der jeder von uns entstanden ist, im Vergleich zu dem Verlierer, der aus keinem anderen Grund als einem historischen Zufall einen Bruchteil einer Millisekunde später in die Eizelle eingedrungen wäre und ein Kind des anderen Geschlechts hätte entstehen lassen) bis zu den umfassenden Gesetzmäßigkeiten in der Geschichte des Lebens (wären an Land jemals die Wirbeltiere entstanden, wenn eine seltsame, ziemlich unbedeutende Gruppe von Fischen nicht ungewöhnlich konstruierte Flossen entwickelt hätte, die vermutlich zur schnellen Flucht am Boden der Gewässer dienten und später für ein Lebewesen, das auf den Vorteil des Schwimmens verzichtete und sich den Kräften der Schwerkraft an Land aussetzte, zu kräftigen Stützen wurden – eine Umgestaltung, die bei den Flossen der »normalen« Fische nicht möglich gewesen wäre?).

Außerdem sollte dieses Prinzip der Zufälligkeit auch nicht das Gefühl der Verzweiflung hervorrufen, das so häufig durch ein verbreitetes Mißverständnis entsteht. Zufälligkeit verdammt die Geschichtsforschung nicht zur Wirkungslosigkeit, zu einer bloßen Beschreibung ohne die Möglichkeit, allgemeine Erkenntnisse zu gewinnen, und Geschichte ist auch nicht nach Henry Fords abschätziger Definition einfach »ein blödes Ding nach dem anderen«. Die prinzipielle Nichtvorhersagbarkeit erwächst als faszinierende Eigenschaft aus der Natur und nicht als Beschränkung aus unserer Erkenntnisfähigkeit. Wir können die Zukunft nicht voraussagen, weil die Natur auf so vielschichtige, komplizierte Weise funktioniert; aber wir können die Vergangenheit mit der ganzen wissenschaftlichen Strenge erklären, die wir auf jeden herkömmlichen Gegenstand in Laplaces Arsenal anwenden, vorausgesetzt, es sind so viele gezielte Belege erhalten geblieben, daß die Zufallseinflüsse zu erkennen sind, die zu dem nicht vorhersehbaren Sturzbach entlang eines tatsächlichen Weges und damit zu einer von unzähligen völlig vernünftigen, aber nicht verwirklichten Alternativen geführt haben.

Ich für mein Teil bevorzuge die vielschichtige Schönheit, den Reichtum und die Überraschungen einer nicht vorhersagbaren (aber ganz und gar sinnvollen, vollständig erklärbaren) Geschichte gegenüber den langweiligen Wiederholungen einfacher Systeme, die von so wenigen Variablen gelenkt werden und ein so begrenztes Spektrum möglicher Zustände zeigen, daß wir ihren ewig gleichen Kreislauf im voraus kennen können. Deshalb stimme ich in den letzten Satz von Darwins *Entstehung der Arten* ein, in dem dieser ungeheuer geniale, aber auch listige und hartnäckige Mann das Faszinierende der Evolutionsbiologie im Vergleich zur Newtonschen Physik pries und dazu den erstaunlich gewundenen Aufstieg des Lebens in Gegensatz zur unveränderlichen Regelmäßigkeit der Planetenbewegung setzte:

> Es liegt etwas Großartiges in dieser Ansicht vom Leben ... daß, während dieser Planet gemäß den bestimmten Gesetzen der Schwerkraft im Kreise sich bewegt, aus einem so schlichten Anfang eine endlose Zahl der schönsten und wundervollsten Formen entwickelt wurden und noch entwickelt werden.

Und schließlich liegt dieses Zufälligkeitsprinzip der Befreiung zugrunde (ebenso allerdings auch der Angst und der Verantwortung), die aus einer tiefen natürlichen Wahrheit erwächst: aus der Vorstellung, die unsere Sprache als »freien Willen« bezeichnet. Jedes einzelne menschliche Leben, so unbedeutend wir uns auch vor der gewal-

tigen Großartigkeit des Kosmos und den fast unvorstell-
baren Tiefen der Zeit fühlen mögen, kann etwas zutiefst
Neues sein. Jeder von uns kann eine jener Bifurkationen,
Kaskaden und Katastrophen auslösen, die von der Chaostheorie beschrieben werden und Geschichte ausmachen
(auch wenn nur die wenigsten es tatsächlich tun werden). Weniger hochtrabend, aber mit umfassenden Möglichkeiten, kann jeder von uns tiefgreifenden, nützlichen
Einfluß auf das Leben einiger Menschen nehmen, auf die
sich unsere Liebe und unsere Zuwendung richten. Und
ohnehin gilt, was Milton in seiner schönsten Zeile sagte
– eine Aussage mit zweifellos vorwiegend theologischen
Motiven, die aber durch das Prinzip der Zufälligkeit eine
ganz und gar aktuelle Bedeutung erhält: »Auch jene dienen, die nur stehen und warten.«

Das Prinzip der Zufälligkeit leugnet nicht, daß manche
Aspekte komplexer historischer Abläufe vorhersagbar
sind. Allgemeine Merkmale lassen sich einigermaßen zu-
verlässig beschreiben, und sei es auch nur, weil man die
Naturgesetze nicht umgehen oder übertreten kann – deshalb brauchen die Menschen auch nicht zu fürchten, daß
sie in eine Erdumlaufbahn gelangen, wenn sie nur aus eigener Kraft in die Höhe springen; Ökosysteme werden
sich immer so entwickeln, daß die Beute mehr Biomasse
enthält als die Räuber, auch wenn wir nicht vorhersagen
können, welche Lebewesen im Einzelfall dazu bestimmt
sind, diese Rollen zu spielen; und die Sonne wird (wenn
sie ihr ganzes potentielles Leben hinter sich bringen

kann, dessen Dauer von ihren Brennstoffvorräten ab-
hängt) noch mehrere Milliarden Jahre lang scheinen, so
daß die zufällige Geschichte des Lebendigen sich noch
für lange Zeit auf ihren wundersamen, nicht vorhersehbaren Wegen fortsetzen kann.

Als Naturwissenschaftler müssen wir uns mit der Frage
herumschlagen, wo man die Grenze zwischen diesen
beiden Bereichen – Vorhersagbarkeit bei umfassenden
Aspekten, Zufälligkeit bei den Einzelheiten – ziehen soll.
Ich möchte nur eines hinzufügen: Mit unserer früheren,
arroganten Annahme, die Menschen seien ein vorher-
sehbarer Höhepunkt in dem zwangsläufig von Fortschritt
gekennzeichneten Ablauf des Lebens, und deshalb habe
unsere Spezies das natürliche Recht, diesen Planeten zu
beherrschen, haben wir den fatalen Fehler begangen, uns
für einen der umfassenden Aspekte zu halten, während
wir in Wirklichkeit mitten in den Bereich der Einzelheiten gehören – zusammen mit allen anderen einzelnen
biologischen Arten, die sich während der Geschichte des
Lebens auf der Erde zu Milliarden entwickelt haben (ganz
zu schweigen von den potentiellen Zigtrillionen, die im
zufälligen Verlauf der tatsächlichen Geschichte niemals
entstanden sind).

Der *Homo sapiens* stellt in der Evolution auf der Erde
ein besonders faszinierendes Detail dar, einen winzigen,
nicht vorhersagbaren, zufälligen und spät entstandenen
kleinen Zweig am üppigen Busch der Geschichte des
Lebendigen. Besonders faszinierend, weil er mit der bei-

spiellosen Fähigkeit ausgestattet ist, sich selbst und die Vorgänge auf unserem Planeten zum Guten wie zum Bösen zu verändern – aber trotz allem ein Detail, das damit der Analyse im Bereich der Zufälligkeiten unterliegt. Wir mögen unsere Fragen in den umfassendsten Begriffen der abstrakten Philosophie stellen, aber wenn wir durch diese Formulierungen zum Kern unserer Besorgnisse vorstoßen, fragen wir eigentlich nach uns selbst und nach unseren Aussichten in diesem Tal der Tränen, das wir Menschen mit unserer Weisheit so stark lindern und vielleicht sogar zu einer großen Wiese des Reichtums machen können – das ist die einzige allgemeine Voraussage über Möglichkeiten (nicht Garantien), die jemand vernünftigerweise abgeben kann. Und da wir im Bereich der Zufälligkeiten zu Hause sind, gehören dorthin auch unsere tiefsinnigsten Fragen.

Die Zufälligkeit, die unserem Dasein und unserer Geschichte innewohnt, und die Bescheidenheit, die aus diesem Wissen folgen sollte, erlauben im weiten Bereich der Einzelheiten, der den Beweggrund für fast alle unsere gesellschaftlichen und wissenschaftlichen Fragen, aber auch für unser moralisches Dilemma darstellt, keine zuverlässigen Voraussagen über die Zukunft der Menschen und unseres Planeten. Im umfassenden Bereich der gesetzmäßigen Vorhersagbarkeit können wir prophezeien, daß die Erde noch ein paar Milliarden Jahre überdauern wird, bis die Sonne ihren Brennstoff aufgebraucht hat. Aber ob unser Leben und unsere Lieben auch nur das erste Jahrhundert unseres neuen Jahrtausends zur Hälfte überstehen werden, können wir nicht wissen.

Einmal stellte ich einem prominenten Kollegen aus der Evolutionsbiologie folgende »gedankliche Frage«: »Angenommen, Sie besäßen eine Zeitmaschine und könnten damit an jeden beliebigen Punkt in Vergangenheit oder Zukunft reisen, für welche Stelle würden Sie sich entscheiden?« Meine Gedanken als Paläontologe wanderten dabei ausschließlich zu den großen Augenblicken in der Geschichte des Lebens – schickt mich, so sagte ich, mitten in die kambrische Explosion oder an das Ende der Kreidezeit, als ein Himmelskörper auf die Erde krachte, das Aussterben der Dinosaurier einleitete und den Säugetieren eine zufällige Gelegenheit verschaffte, aus der schließlich sogar der unwahrscheinliche Zweig des *Homo sapiens* hervorging. Aber mein Kollege antwortete mit einer Klugheit, die mich mit meiner naheliegenden und deshalb langweiligen Wahl beschämte: »Nein, setzen Sie mich einfach einen Augenblick lang in fünfzig Jahren in New York ab. Ich möchte nur wissen, ob es dann noch da ist. Aus dieser einzelnen Information ergibt sich alles andere, was ich wissen muß.«

Wir können höchstens – und das geht weit in den Bereich der Möglichkeiten, den wir mit Sicherheit erkunden können – für unsere Zukunft eine Haltung einnehmen, die ich »tragischen Optimismus« nenne. Unsere zufällige Geisteskraft und unsere entsetzlich unvollkommene, aber keineswegs untätige moralische Empfindsamkeit verschaffen uns die Gelegenheit – aber niemals die Garantie –, daß wir uns mit Anstand und dem größtmöglichen Nutzen für unsere Mitmenschen durchsetzen können. Aber in der Regel schwingen wir uns viel zu spät zu Taten auf, und deshalb können wir viel tatsächliches Leiden nicht verhindern, dem man hätte zuvorkommen können, wenn wir den Begriff der Zufälligkeit nur früher erörtert hätten: Da wir die Zukunft nicht kennen können, sollten wir frühzeitig etwas tun und mögliche Katastrophen vorsorglich abwenden.

Nach dem Prinzip des tragischen Optimismus können wir beispielsweise Hungersnöte verhüten – denn die Erde hat immer genügend Nahrung geliefert; daß in einzelnen Gegenden der Hunger ausbrach, lag an örtlicher Dürre und Seuchen in Verbindung mit Mängeln bei der Verteilung. In der Vergangenheit konnten wir eine solche Verteilung nicht einmal im Prinzip vornehmen (oder auch nur immer wissen, wo gerade eine Hungersnot herrschte), aber heute sind wir durch die Fortschritte in Kommunikation und Verkehr sicher dazu in der Lage – und in dieser Fähigkeit liegt die potentiell befreiende Kraft der Wissenschaft. Aber tragischerweise handeln wir meist zu spät – zwar ist es noch früh genug, damit die Ausrottung ganzer Bevölkerungsgruppen verhindert wird, aber es geschieht erst, nachdem der vermeidbare Tod und das Leiden so vieler Mitmenschen uns aufgeschreckt, unsere träge ethische Empfindsamkeit geweckt und uns zu geeigneten Handlungen getrieben haben.

Was können wir von der Zufälligkeit mehr verlangen als die Chance, zu überleben – und das mit Anstand? Und was können wir uns über diese größte, anregendste aller möglichen Aufgaben hinaus noch wünschen, jenseits dieser kostbaren Gelegenheit, welche die Evolution der einzigen bewußten Spezies gewährt hat, die in 3,5 Milliarden Jahren der Geschichte des Lebens entstanden ist? In dieser Hoffnung liegt unsere Freiheit und unsere Verantwortung. Ich schließe deshalb mit den Worten eines großen, verkannten Naturwissenschaftlers aus dem 19. Jahrhundert, des schottischen Mathematikers und Geologen John Playfair. Er schrieb 1814 über die Zukunft und unsere Möglichkeiten, das Richtige zu tun: »Es wäre unklug, überschwenglich zu sein, und unphilosophisch, zu verzweifeln.«

UNSER GANZ GENAU WILLKÜRLICHES JAHRTAUSEND

Über dieses Buch denke ich seit der ersten Januarwoche 1950 nach. Ich war damals acht Jahre alt, und mein Leben drehte sich zu einem nicht unerheblichen Teil um die einfachen Freuden der wöchentlichen Rituale. Sonntags zog ich mir aus der *New York Times* den Sportteil heraus und schlug die Seiten mit den kleingedruckten Listen der Leistungsnoten für die Baseballspieler der großen Ligen auf. Ich nahm eine Karteikarte, legte sie mit der Oberkante unter die statistischen Angaben für einen einzelnen Spieler, und zog die Karte dann, Spieler für Spieler, langsam nach unten, so daß ich für einen nach dem anderen die Zahlenangaben studieren konnte.

Die allwöchentliche Ankunft der Zeitschrift *Life*, des Zentralorgans der Normalbürgerkultur, kennzeichnete eine zweite Tätigkeit – dieses Mal ein weniger systematisches Durchmustern von Bildern. Die erste Ausgabe von 1950 traf mich mit einer Kraft, die ich bis heute nicht begreife, und brannte in meine Hirnrinde eine dauerhafte Erinnerung ein, die so machtvoll und unverwüstlich war

wie die Aufzeichnungen über turbulentere Kindheitser-
lebnisse – die Geburt meines kleinen Bruders, die Heim-
kehr meines Vaters aus dem Krieg. Dieses erste Heft aus
dem Jahr 1950 markierte die Halbzeit des zwanzigsten
Jahrhunderts: Es beurteilte das bisher Geschehene und
sagte voraus, was die zweite Hälfte wohl bringen mochte.
(Daß diese Sonderausgabe im Januar 1950 und nicht im
Januar 1951 erschien – der einer Denkschule zufolge den
»wahren« Mittelpunkt des Jahrhunderts darstellte –, ist
ein weiteres Beispiel für jene immer wiederkehrende, ver-
drehte, frustrierende und doch irgendwie faszinierende
Debatte über die nicht zu beantwortende Frage, wann ein
Jahrhundert zu Ende ist – sie ist das Thema des zweiten
Teils in diesem Buch und gibt Anlaß zu leidenschaftliche-
ren Diskussionen als je zuvor, weil der bevorstehende
Übergang auch den Beginn eines neuen Jahrtausends
darstellt.)

Als ich dieses Heft durchblätterte, schweiften meine
Gedanken aus irgendeinem Grund in die Zukunft und
zum Jahr 2000. Mit meiner Drittkläßler-Mathematik
wußte ich, daß ich dann 58 Jahre alt sein würde, und zwei
noch lebende Großeltern legten Zeugnis von der hohen
Wahrscheinlichkeit ab, daß ich dieses weit interessantere
Ereignis erleben würde. Seither hat mir diese reizvolle
Idee immer Auftrieb gegeben – ich würde mich des selte-
nen Privilegs erfreuen, einen Übergang mitzuerleben, der
(so willkürlich er auch sein mochte) die Aufmerksamkeit
fast aller Länder auf sich ziehen mußte. Die meisten

Menschen leben und sterben in Jahren ohne besondere numerische Auffälligkeit. Ich stellte fest, daß ich unverschämtes Glück gehabt hatte. Als ich Mitte der achtziger Jahre eigentlich an Krebs hätte sterben müssen und dann doch wieder gesund wurde, nannte ich stellvertretend für alle Gründe, das Leben in unserer Zeit zu lieben, nur zwei: »Ich dachte über sehr viele Dinge nach – zum Beispiel darüber, daß ich einfach meine Kinder aufwachsen sehen wollte, daß es regelrecht pervers wäre, der Jahrtausendwende so nahe zu kommen und sie dann doch nicht zu erleben« (aus dem Vorwort zu »*Das Lächeln des Flamingos*«, 1989).

Es wird eine Flut von Jahrtausendwende-Büchern geben, und es widerstrebt mir, der Masse zu folgen. Wie also kann ich meinen Beitrag zu diesem flüchtigen Genre rechtfertigen, wenn man einmal von der Nachsicht für die Launen eines kleinen Jungen aus dem Januar 1950 absieht? Das Argument, daß dieses kleine Buch anders ist, gründet sich in einem gewissen Sinn auf eine Auslassung. Ich werde mich völlig und aus Prinzip der beiden Hauptthemen der Fin-de-siècle-Literatur enthalten, insbesondere jener der apokalyptischen Art, wie sie von dem Übergang in ein neues Jahrtausend angeregt werden. Ich halte diese Fragen für spekulativ, langweilig und dumm – denn sie sind ein Musterbeispiel für den fundamentalen Fehler der »Neunmalklugen«: für die einfältige Vorstellung, wer sich Hals über Kopf auf die größten Fragen stürze, werde automatisch zu den tiefsten Einsichten gelangen.

Erstens einmal werde ich keine *Voraussagen* über die Zukunft der Menschen machen, weder über Jahre noch über Jahrzehnte, Jahrtausende oder geologische Zeiträume, weder für Einzelpersonen noch für familiäre Abstammungslinien oder Rassen, weder für Städte noch für Staaten, Erdhalbkugeln oder Galaxien. (Ich beschränke mich darauf, die zuvor erwähnte Schwemme von Büchern über das Jahrtausend vorherzusagen.) Und zweitens lehne ich es ab, über die psychologischen Ursachen der Angst zu spekulieren, die immer das Ende eines Jahrhunderts begleitet (von einem Jahrtausend ganz zu schweigen), oder über die Entstehung der Weltuntergangsstimmung, die sich während der gesamten bekannten Geschichte in den menschlichen Kulturkreisen breitgemacht hat, insbesondere unter den Armen und Unzufriedenen.

Statt dessen werde ich mich auf eine Reihe miteinander verwandter Jahrtausendfragen beschränken, die im Vergleich zur Grandezza der unerforschlichen Zukunft vielleicht armselig oder lächerlich erscheinen, die aber (davon, so hoffe ich, werde ich Sie überzeugen) potentiell eine größere Tragweite erlangen könnten, weil man sie auf fruchtbare Weise als allgemeine Fragen über das Wesen der Wahrheit und die Mechanismen des menschlichen Wissens definieren und als Beispiel anführen kann. Gott segne all die kostbaren kleinen Beispiele und ihre zum Sturzbach anwachsenden Folgerungen; ohne diese Juwelen, diese winzigen Eicheln, die den Bauplan des Eichenbaumes in sich tragen, hätten die Essayisten nichts

zu tun. Ich möchte auf Kalender und Zahlen zu sprechen
kommen; auf Finger, Zehen und die Wahrnehmung der
»glatten Zahlen«; auf Sonne und Mond, auf das Alter der
Erde und die Geburt Jesu.

Alle diese schön begrenzten und doch wundersam umfassenden Fragen nach dem Kalender erwachsen aus
einer Schwäche der menschlichen Denkweise, und sie
sind auch die Grundlage all der leidenschaftlichen Diskussionen, die sich heute um den bevorstehenden Jahrtausendwechsel ranken. Der römische Dramatiker Teren-
tius stellte im zweiten Jahrhundert vor Christus in einem
berühmten Wahlspruch fest: »*Homo sum: humani nihil a
me alienum puto.*« (Ich bin ein Mensch, und so kann mir
nichts Menschliches fremd sein.) Unser Wissensdrang ist
so groß, aber unsere allgemein üblichen Fehler reichen so
tief. Man muß uns einfach mögen – und man muß die
fehlgeleiteten Leidenschaften um die Jahrtausendwende
als wichtigstes Beispiel für unsere Einzigartigkeit und
unsere Absurdität betrachten – mit anderen Worten: für
unser Menschsein.

Alle astronomischen, historischen und kalendarischen
Fragen in diesem Buch gründen sich auf den Unterschied
zwischen dem tatsächlichen Zustand der Natur und unseren willkürlichen Definitionen innerhalb dieser Beschränkungen – mit anderen Worten, auf die Wechselbeziehung zwischen einer unleugbaren Realität und der
Wandelbarkeit menschlicher Interpretationen. Manche
Dinge in der Natur sind einfach da – auch wenn wir sol-

che realen Gebilde auf höchst unterschiedliche Weise zergliedern und interpretieren können. Ein Löwe ist ein Löwe ist ein Löwe – und Löwen sind durch ihre Abstammung mit den Tigern enger verbunden als mit den Regenwürmern. (Natürlich ist mir klar, daß irgendein Denksystem der Menschen sein zentrales Prinzip auf eine spirituelle oder metaphorische Verbindung zwischen Löwe und Regenwurm gründen könnte – aber die Verwandtschaftsbeziehungen in der Natur würden sich dadurch nicht ändern, selbst wenn man den Baum der Evolution des Lebendigen völlig ignorieren oder aktiv leugnen würde.)

Andere wichtige Kategorien in unserem Leben jedoch, so genau definierbar und objektiv nachprüfbar sie auch sein mögen, müssen wir als willkürlich in dem entscheidenden Sinn ansehen, daß die Natur eine Fülle ebenso vernünftiger Alternativen zuläßt, wobei die Tatsachen keine Grundlage für eine bevorzugte Auswahl bieten. So überquert zum Beispiel jeder geworfene Baseball das Home Plate an einer ganz bestimmten Stelle von unleugbarer Tatsächlichkeit – aber die Definitionen für Ball und Schlag sind Entscheidungen der Menschen; was die Physik des Wurfes angeht, sind sie völlig willkürlich, so sinnvoll sie in dem System der Regeln und Gewohnheiten, die diese beliebte Sportart regieren, auch sein mögen. (Solche Definitionen können sich auch ändern – und das ist oft geschehen –, wenn die Umstände für eine Abwandlung sprechen.) Ganz ähnlich schreibt die Natur durch jeweils eine volle Umdrehung der Erde auch die Tage vor, aber die Unterteilung der Tage in Siebener-pakete, die wir Wochen nennen, stellt eine willkürliche Entscheidung einiger menschlicher Kulturkreise dar.

Fragen nach dem Jahrtausend spiegeln nicht die Vor-gaben der Natur, sondern unsere eigenen Schwächen wider, denn sie liegen alle am willkürlichen Ende dieses Spektrums. Am anderen, dem Ende der Tatsachen, gibt die Natur uns drei Grundzyklen vor: die Tage als Erdum-drehungen, die Umläufe des Mondes (unsere Monate de-finieren wir ein wenig anders, und das aus interessanten Gründen) und die Jahre als Umläufe der Erde um die Sonne. (Gott – der in dieser Frage entweder unergründ-lich, mathematisch unfähig oder einfach nur komisch ist – ordnete diese drei Grundzyklen auch noch so an, daß keiner von ihnen ein schlichtes Vielfaches von einem anderen ist – das ist das Hauptthema im Teil 3 und die Ursache vieler Jahrtausendthemen.)

Im Bereich dazwischen sind Definitionen sicher will-kürlich, aber die Tatsachen der Natur lenken unabhän-gige Kulturkreise in Richtung gemeinsamer (allerdings keineswegs allgemeingültiger) Lösungen. Das Sonnen-jahr zum Beispiel ist von Natur aus nicht in vier gleich-lange, Jahreszeiten genannte Phasen eingeteilt, aber die Tatsache, daß es zwei Sonnenwenden und zwei Tagund-nachtgleichen gibt – das läßt sich in den meisten Gegen-den, wo Menschen mit hoher Dichte leben, relativ ein-fach feststellen, und es zu wissen ist für so grundlegende

Tätigkeiten wie Jagen, Sammeln und die spätere Entwicklung der Landwirtschaft wichtig –, sorgt vielleicht für eine geringfügige natürliche Neigung zu der Vierteilung.

Dennoch bedient man sich in vielen Kulturkreisen anderer Systeme, die stärker auf die unmittelbare Umgebung abgestimmt sind. In vielen tropischen Gebieten zum Beispiel schwanken Tageslänge und Temperaturen nicht auffällig, und Sonnenwenden oder Tagundnachtgleichen steuern nichts sonderlich Wichtiges – aber eine zwei- oder mehrfache Unterteilung in die Regen- und Trockenzeiten des Sonnenjahres ist äußerst sinnvoll. Ich war einmal mehrere Monate lang auf Curacao, der ehemals niederländischen Insel vor der Küste Venezuelas. Dort gibt es keine natürliche Form ausgeprägter Jahreszeiten (einen indirekten Ersatz findet man allerdings in Form der schwankenden Zahl der Touristen aus Ländern mit ausgeprägtem Klimazyklus), denn die Passatwinde wehen das ganze Jahr über aus Osten, und immer ist es weitgehend trocken. Die örtliche Tageszeitung enthält nicht einmal einen Wetterbericht, denn es ändert sich nicht viel. Jede merkliche Abweichung – ein Hurrikan oder auch nur ein stärkerer Sturm – gilt nicht als Wetter, sondern als Nachricht.

Der Wirbel um die Jahrtausendwende (oder zumindest ihre Faszination) liegt sicher am willkürlichen Ende dieses Spektrums, denn die Natur kennt keine Tausender-Unterteilungen. Welche Vorteile der dezimalen Mathematik innewohnen, wurde schon oft festgestellt, und unser arabisches Zahlensystem läßt die 1000 schön glatt aussehen (verstärkt in unserem Jahrhundert durch das Umspringen der Auto-Kilometerzähler). Aber wir erkennen auch, daß diese Vorteile nicht aus dem Aufbau der Natur erwachsen, und wir wissen, daß man in mehreren Kulturkreisen ganz und gar funktionsfähige (und wunderschön komplizierte) mathematische Systeme auf einer anderen Grundlage als 10 entwickelt hat, so daß dort der Zahl 1000 keinerlei Sonderstellung zukommt.

Vielleicht hat die alte Legende, wonach die dezimale Mathematik mit unseren 10 Fingern zu tun hat, doch eine gewisse Berechtigung, und vielleicht entsprechen Systeme, die auf der Zehn basieren, demnach doch einer natürlichen Neigung. Aber die Kultur der Maya zum Beispiel entwickelte eine elegante Vigesimal-Mathematik auf der Basis der 20 – vielleicht zählte man dort Finger und Zehen! Dieses komplizierte Zahlensystem kannte viele Zyklen und »glatte Zahlen«, aber keine Jahrtausende und keine Vielfache von 1000. Und nebenbei bemerkt: Unsere zehn Finger sind ohnehin eine entwicklungsgeschichtliche Zufälligkeit, bei der es ohne weiteres zu einem ganz anderen, ebenso funktionsfähigen Ergebnis hätte kommen können. Die darwinistischen Vorgänge statteten die ersten Reptilien nicht deshalb mit zehn Fingern aus, weil dreihundert Millionen Jahre später eine mit großem Gehirn ausgestattete Spezies aufrecht gehen und Finger von Zehen unterscheiden würde, um dann festzustellen, daß sich aus zehn Fingern eine höchst be-

queme Mathematik ableiten läßt! Die ersten landleben-
den Wirbeltiere hatten sechs, sieben oder acht Fortsätze
an jeder Extremität – die *Eight Little Piggies* in einem meiner früheren Bücher. Die 8 ist als Basis auch nicht
schlecht – aber die Wirbeltiere schlugen in der Evolution
einen anderen Weg ein.

Und auf einer durchaus plausiblen Alternative zur
Erde wären die Pferde in Nordamerika vielleicht nicht
ausgestorben. Die Maya hätten sie dann möglicherweise
als Lasttiere domestiziert und das Rad erfunden, und möglicherweise wären sie sogar auf die beiden großen, zweifel-
haften Neuerungen gekommen, die zur endgültigen Vor-
herrschaft führten – auf eine funktionierende Navigation
auf dem Meer und auf das Schießpulver. Europa war
während der Blütezeit der Maya ein Ort des Stillstandes
mitten im ersten Jahrtausend unserer christlichen Zeitrechnung. Setzen wir die Träumerei einmal fort: Die Be-
wohner Mittelamerikas wandern nach Osten, erobern die
Alte Welt, schließen ein Bündnis mit dem chinesischen
Kaiserreich – und eine Zwanziger-Mathematik beherrscht
für die absehbare Zeit danach die menschliche Zivilisa-
tion. Das tausendjährige Reich – die gesegnete, tausend
Jahre während Herrschaft einer lokalen Gottheit namens Jesus Christus – wird dann zum seltsamen Mythos
einer primitiven, besiegten Kultur, über den die Kinder in
der dritten Klasse im Erdkundeunterricht etwas lernen.

Aber das dezimale Europa behielt die Oberhand. Und
das dezimale Europa wurde aus anderen zufälligen Grün-

den christlich. Und das Christentum pflegte einen interessanten historischen Mythos über das tausendjährige
Reich. Die abendländischen Kultur vereinigte dieses besondere Märchen vom Weltuntergang mit einer Vorliebe
für Abstände von 1000, zu deren Bevorzugung jedes Dezi-
malsystem neigt. Da stehen wir heute, umgeben von
einem Jahrtausendwahn, der nichts, aber auch gar nichts
mit dem zu tun hat, was Erde und Mond mit ihren natürlichen Umläufen und Drehungen vorführen. Die Menschen sind wirklich komisch – und so faszinierend, daß es
sich jeder Beschreibung entzieht.

Dieses Buch konzentriert sich deshalb auf die drei
großen Fragen, die hinter einzelnen Aspekten des Jahrtausendwahns stehen. Meine Themen sind Kalender,
Astronomie und Geschichte – aber nicht Voraussagen
oder Psychologie. Ich werde nacheinander drei der üblichen W-Fragen stellen. Ihre Beantwortung sollte die drei
großen Verwirrungen aufklären, die in den Medien zur
Ursache so vieler nutzloser Debatten über das Jahrtausend
geworden sind. Erstens: *Was* ist das Jahrtausend eigentlich
– und wie wurde die Vorstellung von der zukünftigen,
tausendjährigen Herrschaft Christi auf Erden auf den
irdischen Zeitraum von tausend Jahren in der derzeitigen
Menschheitsgeschichte übertragen? (Dieser Zusammenhang, der eng und interessant zugleich ist, bildet das Thema des ersten Teils.) Zweitens: *Wann* beginnt das Jahrtausend – am 1. Januar 2000 oder am 1. Januar 2001? (Diese
Frage ist bei weitem nicht so trivial oder haarspalterisch,

wie es vielleicht scheint, und die Nichtantwort erzählt uns eine interessante Geschichte über die Kulturgeschichte des zwanzigsten Jahrhunderts. Dieser Abschnitt ist eine überarbeitete, erweiterte Version eines Aufsatzes, der in meinem Buch *Dinosaur in a Haystack*, Harmony Books 1995, erschien. Alle anderen Texte sind neu und erscheinen hier zum ersten Mal.) Und drittens: *Warum* sind wir so gefesselt von kalendarischen Fragen nach besonderen oder »runden« Übergängen wie dem bevorstehenden Beginn eines Jahrtausends (wann er auch stattfinden mag)? Wenn das Universum wie Galileis großes Uhrwerk funktioniert, gelenkt von offensichtlichen mathematischen Kreisläufen, warum ist Kalenderwissenschaft dann spannender als einfaches Zählen?

Am Ende dieser Untersuchungen, so meine Hoffnung, werden wir ein Gemenge aus Einsteins beiden berühmtesten Aussprüchen bestätigen – und beide rufen eine metaphorische Gottheit an, welche die elegante Ordnung der Natur (oder ihr Fehlen) repräsentieren soll. Gott würfelt tatsächlich nicht mit dem Universum. Und er ist auch überhaupt nicht bösartig, aber immer so raffiniert! Und, so möchte ich hinzufügen, immer so schlau – oder sehen wir nur uns selbst in einem Spiegel, den wir dem Kosmos entgegenhalten?

Die Neudefinition des Jahrtausends: vom heiligen Showdown zum heutigen Countdown

Unser Bedürfnis nach Sinn

Wir wohnen in einer Welt der unendlichen, staunenswerten Vielfalt, und sie kann eine Quelle der Freude sein, vor allem wenn wir noch einmal das unverbrauchte, kindliche Entzücken über »das Leuchten im Gras« oder die »Pracht in der Blüte« lebendig machen können. Robert Louis Stevenson fing das Wesen solcher Kinderfreuden in einem einzigen Zweizeiler ein – in diesem »Glücksgedanken« aus *A Children's Garden of Verses*:

> *Es gibt in der Welt so viele Sachen,*
> *Daß sie uns sicher glücklich machen.*

Aber schiere Vielfalt kann auch erdrückend und beängstigend sein, insbesondere wenn wir uns als voll verantwortliche Erwachsene mit den Tücken eines (manchmal) empörenden Schicksals auseinandersetzen müssen. Wenn wir uns gegen diese Flut von Schwierigkeiten wappnen wollen, ist kein Hilfsmittel nützlicher oder eindeutiger menschlich als der Sinn, den unser Gehirn den Wirrnissen der Welt aufzwingt. Besonders akut wird dieses Bedürfnis nach Sinn, wenn wir uns vor dem Wahrheitsgehalt zweier großartiger Behauptungen fürchten, die durch orientalischen Einfluß in wichtige Schriften der abendländischen Kultur gelangten – denn diese Zitate stehen beispielhaft für unseren Verdacht, der Kosmos könne (für unsere Begriffe) weder Sinn noch Richtung haben, und wir Menschen könnten diesen Planeten aus keinem besonderen Grund und ohne ein von der Natur vorbestimmtes Ziel bewohnen.

In dem gleichen Jahr (nämlich 1859), in dem mit Darwins *Entstehung der Arten* auch ein anderes Werk voller Zweifel an den herkömmlichen Vorstellungen von innerem Sinn erschien, veröffentlichte Edward FitzGerald eine freie englische Übertragung des Rubayiat von dem persischen Dichter Omar Khayyam, der im 11. Jahrhundert gelebt hatte:

> *Das Weltrad dreht sich, es kennt kein Warum,*
> *Nolens volens im Kreis herum.*

Und der Prediger Salomo hatte schon über 1000 Jahre zuvor mit ähnlichen Zweifeln an der inneren, angemessenen Ordnung der Natur geschrieben:

> Wiederum sah ich, wie es unter der Sonne zugeht: Zum Laufen hilft nicht schnell sein, zum Kampf hilft nicht stark sein, zur Nahrung hilft nicht geschickt sein, zum Reichtum hilft nicht klug sein; daß einer angenehm sei, dazu hilft nicht, daß er etwas gut kann, sondern alles liegt an Zeit und Glück.

Aber warum greife ich auf derart allgemeine Themen von geistiger Ordnung und der Zufälligkeit der Natur zurück, nur um ein kleines Buch über ganz bestimmte Fragen nach dem Millennium zu eröffnen? Ich beginne damit, weil die grundlegende Vorstellung vom Jahrtausend in der abendländischen Kultur aus zwei großen geistigen Strategien hervorging, mit deren Hilfe wir einer widerspenstigen Welt Ordnung und Sinn abringen. Außerdem und vor allem versteht man die entscheidende Sinnverschiebung, die unseren derzeitgen Jahrtausendwahn kennzeichnet – vom Millennium als Weltuntergang zum Millennium als Kalenderangelegenheit – am besten als einen Wechsel des Schwergewichts von einer geistigen Strategie zur anderen.

DIE ERSTE STRATEGIE: KLASSIFIKATION

Unter den Hilfsmitteln, mit denen wir einer komplizierten (aber keineswegs strukturlosen) Welt eine Ordnung aufzwingen, muß die Klassifikation – das heißt die Einteilung der Dinge in Kategorien auf der Grundlage wahrgenommener Ähnlichkeiten – als allgemeinstes und umfassendstes von allen gelten. Und keine Klassifikation geht tiefer – wobei sie ein so ausgewogenes Verhältnis von Nutzen und Schwierigkeiten schafft – als unsere Neigung zur Zweiteilung oder Dichotomie.

Manche grundlegenden Merkmale der uns umgebenden Natur liegen tatsächlich paarweise vor – zwei große leuchtende Körper am Himmel, die Tag und Nacht repräsentieren; zwei Geschlechter, die ihre einander entgegengesetzten Teile vereinigen müssen, um fortlaufende Generationen hervorzubringen –, und deshalb könnte man die Ansicht vertreten, Zweiteilung sei eigentlich nicht viel mehr als eine gute Beobachtung der Außenwelt. Aber in der überwiegenden Zahl der Fälle führt sie zu einer irreführenden oder sogar gefährlichen Übervereinfachung. Menschen und Überzeugungen sind nicht entweder gut oder böse (wobei die zweite Kategorie reif für den Scheiterhaufen wäre); und Lebewesen sind nicht entweder Pflanze oder Tier, Wirbeltier oder wirbellos, Mensch oder Bestie. Offenbar drängen wir selbst unter eindeutig ungeeigneten Umständen so stark auf die Zweiteilung, daß ich darin in Übereinstimmung mit mehreren Denkschulen (insbesondere mit Claude Lévi-Strauss und den französischen Strukturalisten) eher einen inneren Funktionsmechanismus des Gehirns als eine begründete Wahrnehmung der äußeren Realität sehen muß.

Ich führe die Zweiteilung als wichtigste Regel der Klassifikation an, weil Definitionen des Millenniums an unserer üblichen (und übervereinfachten) paarweisen Einteilung der beiden allgemeinsten Themen von allen festgemacht werden: an Zeit und Veränderung. Was die Zeit angeht, bevorzugte die abendländische Kultur eine Aufteilung zwischen Pfeilen und Zyklen – oder zwischen von sich aus gerichteten und vorhersehbar wiederkehrenden Abläufen. (Die klassische Aussage mit Quellen, die bis zu Platon und weiter zurückreichen, findet sich bei Mircea Eliade, *The Myth of Eternal Return*, 1954; mein eigenes Buch *Die Entdeckung der Tiefenzeit* von 1990 beschreibt das Thema aus der Sicht des Naturwissenschaftlers.) Und bei den Veränderungen legen wir Wert auf die Unterscheidung zwischen dem Allmählichen, Kontinuierlichen im Gegensatz zum Plötzlichen, Katastrophalen und Revolutionären.

Wir halten an den beiden Seiten dieser Gegensatzpaare fest, weil jede davon uns einen Teil des seelischen Trostes bietet, den wir brauchen, um in diesem Tal der Tränen zu überleben und zu gedeihen. Wir brauchen den Zeitpfeil, um uns zu vergewissern, daß Abläufe von Ereignissen uns etwas Sinnvolles lehren und uns Hoffnung auf Verbesserungen versprechen. Den Zyklus der Zeit halten wir für notwendig, um uns auf geordnete Weise vor der Angst zu retten, Geschichte könne nicht mehr sein als ein zufälliger, sinnloser Wirrwarr von Ereignissen ohne Bedeutung oder Lenkung – einfach nur eins nach dem anderen, wie in der abgegriffenen Formulierung. Wenn Ereignisse auf vorhersehbare Weise wiederkehren (wie der Tag, der auf die Nacht folgen muß, und wie die neue Geburt als Ausgleich für den alten Tod), hat das Leben inmitten des ganzen Fließens eine Gesetzmäßigkeit.

Was für die Zeit gilt, gilt auch für die Zweiteilung bei den Veränderungen. Wir brauchen eine Vorstellung vom allmählichen Wandel, damit wir die Hoffnung aufrecht-

erhalten können, das mühsam Aufgebaute möge bestehenbleiben und sich sogar verbessern – oder kurz gesagt:
damit wir ein Gefühl von Kontinuität haben. Notwendig
ist aber auch die Möglichkeit von Katastrophen, damit
wir selbst dann, wenn die Lage hoffnungslos aussieht und
ihre Verbesserung außerhalb der Macht aller natürlichen
Kräfte zu liegen scheint, immer noch die Erlösung durch
einen Messias prophezeien können, durch einen siegrei-
chen Helden, einen Deus ex machina oder irgendeinen
anderen Einfluß, der die Macht hat, das Unerträgliche zu
zerschmettern und das Unerreichbare zu beschaffen.

Aus diesen Prinzipien von Hoffnung und Ordnung –
und insbesondere aus der Vorstellung eines göttlichen
Eingriffs am Ende eines festgelegten Zyklus – beziehen
wir eine der beliebtesten und machtvollsten Überzeugungen der abendländischen Tradition (und auch vieler anderer, vielleicht sogar aller Kulturen): den *Weltuntergangsglauben*, der in *Webster's Dictionary* definiert ist als »Lehre
mit dem charakteristischen Merkmal, daß mit dem bevorstehenden Ende der derzeitigen, zeitlichen Welt gerechnet wird, mit der endgültigen Vernichtung der Sünder in
einem reinigenden Feuer, das die Erde verzehrt, und mit
der Auferstehung der Gerechten in einer gereinigten
Welt der Seligkeit«. (*Apokalypse*, das Fremdwort für den
Weltuntergang, kommt von einem griechischen Verb mit
der Bedeutung »aufdecken« oder »offenbaren«; die Definition im *Webster* lehnt sich vielleicht zu eng an einen
spezifisch christlichen Mythos an, aber die grundlegen-

den Elemente des Weltuntergangsglaubens gehen mit Sicherheit über jeden einzelnen Kulturkreis hinaus.)

Wie ich im nächsten Abschnitt zeigen werde, entstand die ursprüngliche Definition des Jahrtausends – die so ganz anders ist als unsere derzeitige Verrücktheit um kalendarische Übergänge zwischen »glatten« Zeiträumen von tausend Jahren – aus einem wichtigen Aspekt in der »üblichen« Weltuntergangsgeschichte der christlichen Überlieferung, einer wirklich abenteuerlichen Erzählung aus dem 20. Kapitel im letzten Buch der Bibel, der Offenbarung. Die faszinierende Geschichte darüber, wie sich dieser Begriff in unsere heutige Form des Jahrtausendwahns verwandelte, erfordert eine Erörterung der zweiten großen geistigen Strategie, mit der wir unsere verwirrende Welt ordnen.

Die zweite Strategie:
Zahlen von letzter Bedeutung

Das Gehirn des Menschen ist die komplizierteste Rechenmaschine, die sich in der Geschichte der Erde jemals entwickelt hat. Ich habe keinen Zweifel daran, daß seiner beispiellosen Größe und Komplexität die üblichen darwinistischen Ursachen des Anpassungsvorteils zugrunde liegen. Aber in vielen besonders charakteristischen Eigenschaften unseres Gehirns, die das Kernstück für jeden Begriff eines allgemein menschlichen Wesens darstellen, kann man keine unmittelbaren Produkte der

Der Rachen der Hölle, offengehalten von einem Engel.
Aus dem *Psalterium des Henry von Bloise, Bischof von Winchester.*
Illuminierte Handschrift, 12. Jahrhundert.

natürlichen Selektion sehen, sondern sie müssen als zufällige Nebeneffekte aus den ursprünglichen Ursachen für eine solche Größenzunahme erwachsen sein. (Wenn ich beispielsweise einen Personalcomputer nur dazu kaufe, Tabellenkalkulation mit meinen Haushaltsfinanzen zu betreiben, kann die Maschine dennoch aufgrund ihrer eingebauten Strukturen und ganz unabhängig von meiner Absicht eine Fülle unvorhergesehener Aufgaben erfüllen, die sich bisher noch kein Anwender ausgedacht hat. Je komplexer das Gerät ist, desto größer ist auch die Zahl der potentiellen Nebeneffekte. Und das menschliche Gehirn ist bei weitem leistungsfähiger als dieser Personalcomputer.)

So wurde das Gehirn des Menschen beispielsweise nicht deshalb groß, damit wir lesen, schreiben oder die Gesetzmäßigkeiten der Sonnenfinsternisse berechnen konnten – denn diese Fähigkeiten erlangten wir erst lange, nachdem unser Gehirn bereits seine heutige Größe erreicht hatte. Ganz ähnlich kann ich mir auch einen Anpassungswert für manche Aspekte der Denkweise vorstellen, die man als arithmetisch oder berechnend bezeichnen könnte. Ein Jäger möchte vielleicht berichten, wie groß eine Mammutherde ist, oder der Sammler möchte die Ausmaße eines Ackers voller Wurzelknollen beschreiben. Kompliziertere Systeme brauchen wir wahrscheinlich, um den Grad der Blutsverwandtschaft zu berechnen, die so wichtig für ein System der sozialen Zusammengehörigkeit ist und deshalb einen darwinistischen Vorteil verschaffen dürfte. Aber mit Sicherheit kann man nicht die Ansicht vertreten, die natürliche Selektion habe ein großes Gehirn begünstigt, damit wir Gesetzmäßigkeiten in Zahlenzyklen finden konnten und damit wir dann diesen reinen, immer wiederkehrenden Abstraktionen einen »tieferen« Sinn beilegen als dem Durcheinander der natürlichen Gegenstände. Und dennoch: Welche Seite unseres Wissensdurstes, welche geistigen Bestrebungen aller Zeitalter könnten charakteristischer für uns Menschen sein?

Bertrand Russell zählte einmal die wenigen Leidenschaften auf, die zu Triebkräften seines Lebens wurden, und stellte dabei fest, er habe »die pythagoreische Macht zu begreifen versucht, mit der die Zahl über den Wandel herrscht«. (Als die beiden anderen Hauptbestandteile seines Strebens nach Wissens nannte Russell den Wunsch, »die Herzen der Menschen zu verstehen« und »zu wissen, warum die Sterne leuchten« – beide sind ebenfalls von Bedeutung für die Frage nach dem Jahrtausendwahn.)

Meine Argumentation über die Gründe, warum Zahlenregelmäßigkeiten uns so faszinieren, hat enge Parallelen zu meiner Behauptung über unsere Neigung zu Zweiteilungen. Wir hängen unter anderem deshalb an regelmäßigen Zahlen und suchen darin einen tiefen Sinn, weil eine solche Ordnung vielen Mustern der Natur zugrunde liegt. Immerhin ist das Periodensystem keine willkürliche Gedächtnisstütze der Menschen, und die Newtonsche Schwerkraft wirkt tatsächlich nach dem Gesetz der umgekehrten Quadrate. Aber unsere Suche nach Ordnung unter den Zahlen und unsere Überinterpretationen gehen so weit über das hinaus, wofür die Natur möglicherweise Beispiele liefern kann, daß uns nichts anderes übrigbleibt, als eine innere geistige Vorliebe als Triebkraft zu postulieren. Ich habe zuvor behauptet, diese Vorliebe habe sich mit ziemlicher Sicherheit nicht als unmittelbare Anpassung, sondern als Nebeneffekt der natürlichen Selektion entwickelt – und sie müsse deshalb zu jeder Vorstellung von Nützlichkeit in einer komplizierten, indirekten Beziehung stehen. Unsere Suche nach Ordnung unter den Zahlen führt nicht nur zu tiefen Einsichten, sondern ebensooft auch zu unübertrefflichem Unsinn.

Der Katalog der Zahlenschemata, die ernsthaft als das Wesen Gottes oder als grundlegende Ordnung des Kosmos vorgeschlagen wurden, würde einen barocken Folianten von atemberaubenden Ausmaßen füllen. (Eine gute Einführung bildet das kürzlich erschienene Buch *The Great Year: Astrology, Millenarianism and History in the Western Tradition* von Nicholas Champion, Penguin 1994.) Manche Gelehrte, Theologen und Mystiker gründeten ihre Schemata auf die Zwei (für unsere Dichotomie), andere auf die Drei (für die Dreifaltigkeit), andere auf die Vier (C. G. Jungs Vorschlag für eine wichtigste Zahl), andere auf die Fünf (für unsere Finger), andere auf die Sieben (für die Töne der Tonleiter und die Planeten im System des Ptolemäus), andere auf die Neun (das Quadrat der Dreifaltigkeit) ... und so geht es weiter.

Dieses Thema der Zahlenmystik als zweitem geistigem Hilfsmittel zum Ordnen der Natur taucht in unserer Jahrtausendgeschichte auf, weil es in einer folgenreichen Wechselbeziehung mit dem ersten Hilfsmittel steht, der Zweier-Einteilung – insbesondere mit dem zyklischen Aspekt in der Zweiteilung der Zeit und dem katastrophalen Pol in der Zweiteilung der Veränderung. Man stelle sich nur vor, welchen Aufruhr jede Behauptung über ein hereinbrechendes Finale erregen würde, wenn irgendein Weiser die Zahlenordnung des Universums durchschaute und genau wüßte, wie lang ein zur Zeit laufender Zyklus sein muß – und wann er zu Ende geht!

Das Denken in Jahrtausenden erwächst aus der Verbindung zwischen allgemeinem Weltuntergangsglauben und einer bestimmten Zahlentheorie über das bevorstehende Ende. Wie ich zuvor festgestellt habe, besagt die Festlegung auf Zyklen, denen einfache Zahlen zugrunde liegen, nichts über eine Dauer oder einen Endpunkt – und fast alles, was auch nur entfernt plausibel erscheint, wurde irgendwann einmal vorgeschlagen (und zum Gegenstand abgöttischen Glaubens). Die Sonderform des Weltuntergangsglaubens, die man als *Millenariertum* oder *Chilianismus* bezeichnet (nach den klassischen Wörtern für »tausend« das erste auf lateinisch, das zweite auf griechisch) – die, wie ich im Vorwort dargelegt habe, das beliebteste Zahlenschema in der Geschichte des christlichen Weltuntergangsglaubens darstellt, obwohl sie im Hinblick auf die Natur vollkommen willkürlich ist –, sieht in der Zahl 1000 die verborgene Grundlage sowohl für das Durchschauen der natürlichen Ordnung als auch für die Erlösung der menschlichen Seele.

Aber 1000 von was und 1000 wann? Der Rest dieses Kapitels belegt eine unterschwellige Verschiebung in unserer Hauptdefinition des Millenniums – von der Dauer eines Zeitalters der Seligkeit, das auf die bevorstehende Apokalypse *folgt*, zu dem gemessenen Ablauf von 1000 Jahren, die vielleicht derselben Apokalypse *vorausgehen*. Wie und warum sind wir vom Millennium als Apokalypse zum Millennium des Kalenders gelangt?

Das Jahrtausend als Apokalypse

Der Begriff Jahrtausend oder Millennium entstand nicht im Bereich der praktischen Kalenderkunde, sondern in der Eschatologie, die sich mit Zukunftsvisionen von einem segensreichen Ende der Zeit befaßt. Das Jahrtausenddenken ist in den beiden wichtigsten apokalyptischen Büchern der Bibel verankert – Daniel im Alten Testament und der Offenbarung im Neuen. Genauer gesagt, ist dort vom tausendjährigen Reich die Rede, einem zukünftigen Zeitalter, das tausend Jahre dauert und mit einer letzten Schlacht sowie dem Jüngsten Gericht über die Toten zu Ende geht. Nach der Beschreibung in einer der orakelhaften Visionen des Johannes (Offenbarung 20) soll Satan tausend Jahre lang gefesselt und in den bodenlosen Abgrund geworfen werden; Christus soll wiederkehren und während dieser tausend Jahre mit den auferstandenen christlichen Märtyrern herrschen. Dann soll Satan losgelassen werden; er wird sich mit Gog, Magog und einer Fülle weiterer Übeltäter zum letzten Kampf zusammentun; Christus und die Guten siegen, und die Teufel enden in dem »Pfuhl von Feuer und Schwefel«; jetzt stehen alle Toten wieder auf, und im Jüngsten Gericht an diesem wahren Ende der Zeit fahren sie entweder gen Himmel, um bei Jesus zu leben, oder sie enden zusammen mit den meisten der interessantesten historischen Gestalten an jenem anderen, unangenehmen Ort:

> Und ich sah einen Engel vom Himmel herabfahren … und er ergriff … Satan, und fesselte ihn für tausend Jahre, und warf ihn in den Abgrund und verschloß ihn und setzte ein Siegel oben darauf… Und ich sah die Seelen derer, die enthauptet waren um des Zeugnisses von Jesus und um des Wortes Gottes willen … und sie wurden lebendig und regierten mit Christus tausend Jahre… Und wenn die tausend Jahre vollendet sind, wird der Satan losgelassen werden aus seinem Gefängnis, und wird ausziehen, zu verführen die Völker an den vier Enden der Erde, Gog und Magog, und sie zum Kampf zu versammeln… Und es fiel Feuer vom Himmel und verzehrte sie. Und der Teufel, der sie verführte, wurde geworfen in den Pfuhl von Feuer und Schwefel… Und ich sah die Toten, groß und klein, stehen vor dem Thron, und Bücher wurden aufgetan… Und wenn jemand nicht gefunden wurde geschrieben in dem Buch des Lebens, der wurde geworfen in den feurigen Pfuhl. (Offenbarung 20: 1–15)

Die religiöse und politische Durchschlagskraft dieser Vision hallte in unserer gesamten nachfolgenden Geschichte wider. Viele Aussagen im Neuen Testament weisen darauf hin, daß Jesus und seine ersten Jünger mit keiner langen Wartezeit bis zur Erfüllung der Apokalypse und dem Beginn des tausendjährigen Reiches rechneten. Im letzten Kapitel der Offenbarung (und der gesamten Bibel) tut Jesus durch einen seiner Engel kund: »Und er spricht zu mir: Versiegle nicht die Worte der Weissagung in diesem Buch; denn die Zeit ist nahe… Siehe, ich komme bald und mein Lohn mit mir, einem jeden zu geben, wie seine Werke sind… Selig sind, die ihre Kleider waschen, daß sie teilhaben an dem Baum des Lebens und zu den Toren hineingehen in die Stadt« (Offenbarung 22: 10, 12, 14).

Die vier Evangelien bereichern das Thema um eine genauere Zeitangabe. Jesus beschreibt die bevorstehende Apokalypse in ganz ähnlichen Begriffen wie Johannes in seinem späteren Bericht der Offenbarung (und auch ähnlich wie die verfügbaren alttestamentarischen Quellen Daniel und Hesekiel), allerdings ohne Johannes' eindringliche Einzelheiten: »So wird es auch am Ende der Welt gehen: Die Engel werden ausgehen und die Bösen von den Gerechten scheiden und werden sie in den Feuerofen werfen; da wird ein Heulen und Zähneklappern sein« (Matthäus 13: 49–50). Außerdem behauptet Jesus klipp und klar, das Ende werde nicht lange auf sich warten lassen und sich noch zu Lebzeiten mancher Menschen ereignen, die seine Worte hörten:

Da sprach Jesus zu seinen Jüngern: Will mir jemand nachfolgen, der verleugne sich selbst und nehme sein Kreuz auf sich und folge mir. Denn wer sein Leben erhalten will, der wird's verlieren; wer aber sein Leben verliert um meinetwillen, der wird's finden. Was hülfe es dem Menschen, wenn er die ganze Welt gewönne und nähme doch Schaden an seiner Seele? Oder was kann der Mensch geben, womit er seine Seele auslöse? Denn es wird geschehen, daß der Menschensohn kommt in der Herrlichkeit seines Vaters mit seinen Engeln, und dann wird er einem jeden vergelten nach seinem Tun. Wahrlich, ich sage euch: Es stehen einige hier, die werden den Tod nicht schmecken, bis sie den Menschensohn kommen sehen in seinem Reich. (Matthäus 16: 24–28; siehe auch Markus 9: 1)

Nach meiner Überzeugung würdigen wir den ethischen Wert der radikaleren Lehren Jesu nicht herab, wenn wir sie als Handlungsanweisungen in einer aus den Fugen geratenen, sterbenden Welt deuten, die dazu bestimmt war, bald von einem seligen Zeitalter verdrängt zu werden – von einem neuen Reich, das Belohnungen und Strafen je nach der Lebensführung während der zeitlich eng begrenzten jetzigen Ordnung zuteilte. Wir würden wohl nicht ohne weiteres die andere Wange hinhalten, wenn Bösewichter und Diktatoren sich auf tausend Jahre leichter Herrschaft freuen könnten. Und wenn unsere irdischen Besitztümer sich höchstens etwa eine Generation lang ansammeln können, während unsere seelischen Qualitäten über unseren zukünftigen (und ewigen) Zustand in einem neuen, kurz bevorstehenden Zeitalter bestimmen, dann sprechen auch die Gründe des Augenblicks – und

Sünder in der Hölle, Jüngstes Gericht. Relief, anonym, ca. 1240.

nicht nur die ethischen Werte der Menschenalter – in der Rechnung für die Seele anstelle des Goldes.

Jesu Irrtum mit dem Zeitplan dämpfte die Begeisterung seiner weltuntergangsgeneigten Anhänger nicht, und eine Jahrtausendbewegung gab es in jeder nachfolgenden Generation. Die erste christliche Version, die eine gewisse Bedeutung erlangte, entwickelte sich nur etwa zwanzig Jahre, nachdem die römische Unterdrückung des Aufstandes von Bar Kochba das jüdische Leben in Jerusalem endgültig zum Erliegen gebracht und damit auch die Unmittelbarkeit der eher weltlichen, messianischen Form des jüdischen Weltuntergangsglaubens beendet hatte. Ungefähr 156 n. Chr. begann Montanus in Phrygien (der heutigen Zentraltürkei) zu predigen. Unterstützt von seinen beiden jungen Anhängerinnen Prisca und Maximilla, verfiel Montanus in Trance; dann gab er bekannt, die Wiederkehr Christi stehe unmittelbar bevor, und die himmlische Stadt Jerusalem werde zur Erde herabsteigen, um sich in der Ebene zwischen den phrygischen Dörfern Pepuza und Thymion niederzulassen. Daraufhin begründeten die Montanisten eine Gesetzmäßigkeit, die sich in der ganzen weiteren Geschichte wiederholte – auf Berggipfeln, in Wüsten und Tälern oder auf Tafelbergen: Sie verließen ihre Städte (was dazu führte, daß mehrere frühchristliche Gemeinden praktisch aufgegeben wurden) und zogen zu dem angegebenen Ort, um die große Erlösung zu erwarten – die, wie üblich und ohne daß es besonders betont werden müßte, niemals stattfand.

Aber – und auch damit entstand unter den wahrhaft Gläubigen eine Gesetzmäßigkeit, die von da an immer fortbestehen sollte – dieses spektakuläre Versagen einer eindeutigen, wichtigen Voraussage führte nicht zur Auslöschung der Bewegung, sondern der Montanismus war noch mehrere hundert Jahre lang stark; er blieb bis zum neunten Jahrhundert erhalten und erhielt sogar Unterstützung von Tertullian, dem vielleicht fruchtbarsten Autor des frühen Christentums (er verließ 212 die katholische Kirche und schloß sich den Montanisten an). Die Anhänger bewunderten die asketische Haltung und die moralische Strenge der Bewegung, und daß eine Weltuntergangsprophezeiung nicht in Erfüllung geht, läßt sich immer mit den verschiedensten Ausreden – von einem Rechenfehler bis zu einer Mischung aus metaphorischen und buchstäblichen Interpretationen – rational begründen.

Im weiteren Verlauf – das Christentum war mittlerweile von einer verfolgten, radikalen Sekte zu einer beträchtlichen weltlichen Macht geworden – folgte zwangsläufig die Gegenbewegung; damit war ein grundlegender Gegensatz angelegt, der sich durch die ganze Geschichte des Weltuntergangsdenkens zieht. Die bestehenden Staaten, Lehren und Mächte müssen aus naheliegenden Gründen jede prophetische Lehre ablehnen und aktiv bekämpfen, insbesondere aber jede Massenbewegung, die um die Behauptung von einem bevorstehenden, katastrophalen Ende der irdischen Ordnung kreist! Der Weltuntergangsglaube ist die Domäne der Unglücklichen, Unterdrückten, Besitzlosen, politisch Radikalen, theologisch Revolutionären und des selbsternannten Erretters – und nicht der Glaube derer, die das Ruder fest im Griff haben. Was also tat das siegreiche Christentum, als sein neu gewonnener weltlicher Erfolg plötzlich Druck auf die unleugbare Autorität der Schriftgelehrten in Sachen Weltuntergangserwartung ausübte?

Bei denen, die sich komfortabel eingerichtet hatten und ihre eigenen, auf das tausendjährige Reich ausgerichteten Schriften und Traditionen nicht leugnen konnten, waren lange Zeit zwei Strategien verbreitet. Erstens kann man argumentieren, das tausendjährige Reich müsse tatsächlich irgendwann kommen – aber in einer so fernen, unerforschlichen Zukunft, daß die Angelegenheit kaum Auswirkungen auf unser tägliches Leben hat. Zweitens – und das geschah häufiger – kann man das tausendjährige Reich als Metapher oder Allegorie neu interpretieren und dann sogar behaupten, das segensreiche Ereignis sei bereits eingetreten. In der klassischen Version, die in katholischen Kreisen praktisch die Lehrmeinung war, seit Augustinus sie im fünften Jahrhundert in seinem Meisterwerk *Civitas Dei* (»Der Gottesstaat«) formulierte, muß man das tausendjährige Reich als Allegorie betrachten, als spirituellen Zustand, in den die Kirche gemeinsam eingetreten ist – und zwar zu Pfingsten, bei jenem Ereignis kurz nach der Auferstehung, als der Heilige Geist über die Apostel kam; demnach unterliegt es ganz und gar der gegenwärtigen persönlichen Erfahrung durch die mystische Vereinigung mit Gott. Es braucht nicht besonders betont zu werden: Diese Argumentation dient den gesellschaftlichen Zielen einer mächtigen, konservativen Institution, der es darum geht, den Status quo des alltäglichen Einflusses aufrechtzuerhalten und ungezähmte Theorien über das tatsächlich bevorstehende Ende der Welt zu unterdrücken.

Diese grundlegende gesellschaftliche Teilung – die der Schlüssel ist, wenn man den großen Einfluß des Jahrtausenddenkens in der abendländischen Geschichte verstehen will – wurde besonders gut, allerdings auf höchst parteiliche Weise, gegen Ende des 17. Jahrhunderts von dem englischen Theologen Thomas Burnet zusammengefaßt (der im nächsten Abschnitt dieses Kapitels eine bedeutende Rolle spielen wird). Als anglikanischer Priester, Vorreiter der Reformation und Katholikengegner (der allerdings längst nicht so eifrig war wie viele seiner berühmten Zeitgenossen, darunter Oliver Cromwell und John Milton) brachte Burnet das Jahrtausenddenken mit gesellschaftlichen und religiösen Reformen in Verbindung, und dann koppelte er die Ablehnung des Weltuntergangsglaubens an die Unterstützung einer angenehmen, feststehenden Ordnung. (Mir gefällt auch das Dahinstürmen von Burnets ausladendem, farbigem, vom 17. Jahrhundert geprägten Prosastil; ich zitiere aus meinem eigenen Exemplar seines wunderschönen Buches.)

Ich habe nie einen priesterlichen Doctor getroffen, welcher sich für das tausendjährige Reich ausgesprochen hätte ... Es war der Kirche in Rom immer unlieb und eine Beleidigung, paßt es doch nicht zu jenem Schema für das Christentum, welches sie gezeichnet hat. Sie nehmen an, Christus herrsche schon durch seinen Stellvertreter, den Papst, auf dem Fuße gefolgt von Königen und Kaisern. Und könnten sie auch das Ketzertum des Nordens, wie sie es nennen, [die Reformation] unterdrücken, so wüßten sie doch nicht, was das tausendjährige Reich bedeutet oder wie die Kirche in einem glücklicheren Zustand sein könnte als sie ist ... Die Kirche Roms war so lange voller Reichtum und Größe, die befehlende Kirche in der Christenheit, und herrschte über die Länder mit eiserner Faust ... Und das tausendjährige Reich ist zu Recht Belohnung und Triumph für jene, welche der Verfolgung entkommen sind, doch wer stets in Glanz und Gloria gelebt, kann weder Anteil daran noch Nutzen davon vortäuschen. Das hat die Kirche Roms stets ein böses Auge auf diese Lehre werfen lassen, weil diese auch ein böses Auge auf die Kirche zu haben schien. Und als sie wuchs in ihrer Pracht und Herrlichkeit, verdeckte und verdunkelte sie die Lehre mehr und mehr: Wie ein alter Fehler wäre sie der Welt verlorengegangen, hätten nicht manche aus der Reformation sie wiederbelebt.

Der Glaube an das tausendjährige Reich wurde zur Triebkraft der radikalsten Reformatoren, und nur wenn man begreift, wie fest sie an das bevorstehende Ende der Zeiten glaubten, versteht man ihre Bereitschaft, sich an einem militärisch hoffnungslosen Aufstand zu beteiligen oder vor ihrer Hinrichtung unaussprechliche Foltern zu erdulden (viele Wahlmöglichkeiten hatten sie allerdings nicht). Der Wiedertäufer Thomas Müntzer war überzeugt, er lebe »am Ende aller Zeiten«, und führte die thüringischen Bauern 1525 in einen unglückseligen Aufstand; am Ende wurde er für seine Mühen gefoltert und enthauptet. (Martin Luther mag theologisch seine radikalen Augenblicke gehabt haben, aber über die politische Revolution der Bauern war er entsetzt; er drängte darauf, man solle die Aufständischen gnadenlos ausmerzen wie Hunde – so wie sie waren, und es waren Zehntausende.)

Jahrtausendbewegungen setzten sich an den Rändern des Protestantismus fort (manchmal, in Phasen der allgemeinen Begeisterung oder gesellschaftlichen Unruhe, waren es auch nicht nur »Randerscheinungen«), und sie hinterließen ihre Spuren bei mehreren wichtigen Gruppen (die ihre Herkunft aus dem Weltuntergangsglauben nicht immer gern zugeben). Die Gemeinschaften der Hutterer im Westen der Vereinigten Staaten und in Kanada zum Beispiel führen ihre Herkunft auf Jakob Hutter zurück, einen anderen jahrtausendgläubigen deutschen Wiedertäufer, der 1536 gefoltert und als Ketzer verbrannt wurde.

In Amerika erreichte die bekannteste, allerdings nur kurze Zeit aufflammende Millenarierbewegung ihren Höhepunkt in den vierziger Jahren des 19. Jahrhunderts in New York und Massachusetts: Dort schlossen sich bis zu 100000 Gläubige der Weltuntergangsprophezeiung von William Miller an. Der frühere Armeeoffizier und selbsternannte Prediger verkündete aufgrund seiner Lesart des Buches Daniel und der Offenbarung, Christus werde zwischen dem 21. März 1843 und dem 21. März 1844

Offenbarung des Johannes: Babylon fällt an die Dämonen. Wandteppich

von Nicholas Bataille, 1363–1400.

wiederkehren und die Welt mit einer verzehrenden Feu-
ersbrunst überziehen. Als seine Prophezeiung sich nicht
verstofflichte (oder vergeistigte), legte Miller als neues
Datum den 22. Oktober 1844 fest. Das ereignislose Ver-
streichen dieser zweiten Wiederkehr – das in Milleriten-
kreisen als »Die Große Enttäuschung« bezeichnet wurde
– führte 1845 zu einer Konferenz; sie sollte dem dienen,
was man in späterer Zeit »Schadensbegrenzung« genannt
hätte. Es braucht eigentlich nicht erwähnt zu werden:
Viele Anhänger verließen die Gemeinde, denn nichts
dämpft Begeisterung so wirksam wie das spektakuläre
Ausbleiben einer entscheidenden Prophezeiung.

Aber der Glaube eines wahren Jüngers ist durch nichts
zu erschüttern. Die Hauptgruppe der verbliebenen Milleriten vertrat die Ansicht, Miller habe das Datum richtig
festgelegt, aber er habe Daniel falsch gelesen. Gott habe
nicht gewollt, daß die Welt an diesem Tag unterging, sondern er habe nur mit der Überprüfung aller Namen im
Buch des Lebens begonnen – eine langwierige, zeitauf-
wendige Tätigkeit, die zu irgendeinem nicht festgelegten
zukünftigen Zeitpunkt mit der Wiederkehr Christi und
seines tausendjährigen Reiches beendet sei. In der Zwi-
schenzeit, so die Milleriten, würden bestimmte Rituale –
insbesondere die Beachtung des Samstages, der anstelle
des Sonntages der siebte und letzte Tag der Woche sei –
den Vorgang und die Wiederkehr Christi beschleunigen.

Die heutigen Siebten-Tags-Adventisten und andere
kleine Adventistengruppen führen ihre Ursprünge auf

Millers Bewegung zurück, befolgen allerdings nicht alle seine Gebote. Auch Charles Taze Russel (1852–1916), der Gründer der Zeugen Jehovas – die derzeit vielleicht die größte und ehrlichste christliche Millenariergruppe sind – war stark von den Lehren der Adventisten beeinflußt. Nach Ansicht der Zeugen Jehovas ist der Satan zur Zeit an der Macht, und die weltlichen Mächte stehen unter seiner Herrschaft, ohne es zu wissen – deshalb die Weigerung der Gläubigen, die Fahne zu grüßen oder Wehrdienst zu leisten, was in unserem Jahrhundert zu mehreren Verfahren vor dem Obersten Gerichtshof der USA geführt hat. Im Buch Daniel und der Offenbarung sehen sie einen verborgenen Zeitplan für die Menschheitsgeschichte, und sie rechnen mit dem Kampf von Armageddon sowie dem Beginn der Herrschaft Christi. Russell selbst glaubte, Christus werde 1874 mit seiner »unsichtbaren Rückkehr« beginnen und die eigentliche Wiederkehr 1914 inszenieren – ein gutes Jahr für die Ermordung von Erzherzögen und den Ausbruch von Weltkriegen, aber nicht für das ganze Inferno von Armageddon! Wieder war eine eindeutige Erwartung enttäuscht worden, und wieder einmal brachte das die wahren Gläubigen nicht vom Pfad ihrer Leidenschaft ab: Noch heute klingeln sie fast jedes Wochenende an meiner Tür.

Ich möchte den Glauben an das tausendjährige Reich nicht allzu streng mit sozialem Elend oder Randgruppen gleichsetzen, denn der Erfindungsreichtum der Menschen und unsere selbstverliebten Neigungen ziehen zu weite

Kreise, als daß man sich für einen derart machtvollen Gedankengang nur eine Wirkungsweise vorstellen könnte. Auch mächtige Menschen haben sich bekanntermaßen auf Weltuntergangs»kenntnisse« berufen, wenn sich die seltene Gelegenheit bot. Am auffälligsten tat das in jüngerer Zeit James Watt, Ronald Reagans Innenminister, dem ich keine Träne nachweine; der zutiefst konservativ denkende Angehörige der Pfingstgemeinde behauptete, wir brauchten uns um die Umweltzerstörung keine allzu großen Sorgen zu machen (und deshalb solle der Staat für solche Fragen nicht viel Zeit, Geld oder Gesetzgebungsarbeit vergeuden), denn die Welt werde sicher zu Ende sein, bevor größerer Schaden angerichtet werden könne.

Dennoch ist der allgemeine Zusammenhang zwischen Weltuntergangssehnsucht und irdischer Armut oder gesellschaftlicher Entrechtung sicher vorhanden – und er geht weit über die ganz konventionellen, abendländischchristlichen Quellen hinaus. Die Verschmelzung des christlichen Glaubens an das tausendjährige Reich mit traditionellen Überzeugungen der besiegten (und verzweifelten) Völker hatte oft besonders unruhestiftende und tragische Folgen.* In Afrika beispielsweise kann man

---

* Als ich im März 1997 die Korrekturfahnen dieses Buches las, erkannte ich aufgrund eines tragischen Ereignisses – 39 Mitglieder des »Heavens Gate«-Kultes hatten Selbstmord begangen –, wie engstirnig und sogar ein wenig herablassend ich beim Niederschreiben dieser Aussage gewesen war. Ich habe gesagt, eine der traurigsten Folgen des Weltuntergangsglaubens erwachse aus einer Art unheiliger Allianz – wenn Menschen, die nicht zum abendländischen Kulturkreis gehören, sich aus

mehrere fehlgeschlagene Aufstände und totgeborene Be-
freiungsbewegungen auf offensichtliche Anregung durch
den christlichen Glauben an das tausendjährige Reich
zurückführen. John Iliffe (*Africans*, Cambridge University
Press, 1995) führt die wichtigste Niederlage des südafri-
kanischen Volkes der Xhosa auf eine Naturkatastrophe
zurück, die durch eine jahrtausendgläubige Reaktion verstärkt wurde:

> dem Christentum ein paar Stückchen herauspicken und sie mit ihrem
> traditionellen Glauben zu einer labilen, unruhestiftenden neuen Lehre
> vermengen. Ich hätte erkennen müssen, wie allgemein verbreitet solche
> Neigungen sind, statt sie unausgesprochen »anderen« vorzuwerfen, de-
> ren Kulturen von unserer so weit entfernt sind. Auch ganz und gar
> abendländisch geprägte Menschen sind in der Lage, Stückchen des
> christlichen Weltuntergangsglaubens mit volkstümlichen Mythen aus
> unserer eigenen Kultur zu vermengen, und dabei entsteht eine ebenso
> zerstörerische, unruhestiftende Lehre. Die Anhänger des »Heavens
> Gate«-Kultes fabrizierten genau eine solche Mischung aus herkömm-
> lichem Glauben an das tausendjährige Reich, Science-fiction-Mythen
> der amerikanischen Volkskultur im allgemeinen und UFO-Gläubigkeit
> im besonderen – und das Ergebnis kostete sie alle das Leben. In dem
> Glauben, ihr unsterbliches Wesen wohne nur vorübergehend in einem
> irdischen Leib, man müsse die Individualität des Körpers strikt unter-
> drücken, und hinter dem Schweif des Hale-Bopp-Kometen (der gerade
> jetzt, während ich schreibe, hell in mein Fenster leuchtet) warte ein
> Raumschiff, um sie »nach Hause« zu bringen, kombinierten sie ganz be-
> wußt christlichen Glauben an das tausendjährige Reich mit moderner
> Science-fiction. Ihre offizielle Mitteilung, die sie vor dem Massenselbst-
> mord verbreiteten, besagte ausdrücklich genau das. Sie schrieben:
> »Wir sind von der Übermenschlichen Ebene im Weltraum gekommen,
> und jetzt haben wir die Leiber verlassen, die wir bei unserer irdischen
> Aufgabe getragen haben, um in die Welt zurückzukehren, aus der wir ge-
> kommen sind – die Aufgabe ist erfüllt. Den Weltraum, den wir meinen,
> würden eure religiösen Schriften als Himmelreich oder Königreich
> Gottes bezeichnen. Wir sind gekommen, am Ende dieser Zivilisation,
> am Ende des Jahrtausends einen Weg in Gottes Königreich zu weisen.«

Die Xhosa versuchten, christliche Ideen in ihrem Bild vom Kosmos unterzubringen … Das wurde durch die Mission ebenso gefördert wie dadurch, daß manche christlichen Gedanken radikale Folgerungen hatten, allen voran die Eschatologie. Wie wirksam das war, zeigte sich 1857, zu einer Zeit, als Rinder erkrankten und die Weißen sich ausbreiteten; damals überredeten Propheten viele Xhosa, ihre Rinder zu töten und den Ackerbau aufzugeben, weil ihre Vorfahren mit schöneren Rindern wiedergeboren werden würden und die Europäer zurück ins Meer treiben sollten. Etwa ein Drittel der Xhosa starben, und die Regierung der Kapregion nutzte die Gelegenheit, um ihre Kultur zu zerstören, mehr als die Hälfte ihrer Ländereien zu enteignen und mindestens 22 150 von ihnen in die Zwangsarbeit zu schicken.

Auch der berühmteste afrikanische Aufstand des frühen 20. Jahrhunderts, die unglückselige, brutal unterdrückte Rebellion von John Chilembwe in Nyassaland (dem heutigen Malawi), hatte ihre Grundlage im Glauben an das tausendjährige Reich. Chilembwe war der Diener des fundamentalistischen Missionars Joseph Booth gewesen; dieser hatte ihn in die USA mitgenommen, wo er an einem theologischen Seminar für Farbige Examen machte, bevor er nach Afrika zurückkehrte. Nach Chilembwes Hinrichtung klagte sein alter Mentor Booth über diese häufige Folge eines nur allzu christlichen Themas (so sehr es auch anderen Aspekten der christlichen Lehre widerspricht):

Der arme, gutherzige Chilembwe, der um und für das fieberge-
schüttelte, offenbar sterbende Kind des Schreibers dieser Zeilen
weinte; der den Vater während der zehn Wochen schieren
Schwermuts mit der Sanftheit einer Frau pflegte und fütterte;
der mit meinem lieben Sohn Edward (18 Jahre alt) weinte, litt
und ihm die Todesstunde linderte ... Ja, lieber Chilembwe, gern
wäre ich durch den Schuß meines Landsmannes gestorben, um
dich vom falschen Weg des Mordens abzubringen. (Zitiert in
The Life of Joseph Booth von Harry Langwort, herausgegeben von
CLAIM, der Gesellschaft für christliche Literatur in Malawi,
Blantyre, Malawi, 1996).

Eines der ergreifendsten und tragischsten Ereignisse
der amerikanischen Geschichte, die Schlacht von Wounded Knee 1890, die das letzte große Massaker weißer Soldaten an den Indianern darstellt, erwuchs als unmittelbare, unnötige und eindeutig vermeidbare Folge aus einer
faszinierenden Episode des Glaubens an das tausendjährige Reich. Wie R. A. Smith in seinem Buch *Moon of Pop-
ping Trees: The Tragedy at Wounded Knee and the End of the
Indian Wars* (University of Nebraska Press, 1975) belegt,
hatte es unter den christianisierten Indianern überall in
den Vereinigten Staaten und Kanada immer wieder Millenarierbewegungen gegeben. Tavibo, ein Indianer vom
Stamm der Nördlichen Paiute in Nevada, hatte dem Pro-
pheten-Träumer Wodziwob Ende der sechziger und Anfang der siebziger Jahre des 19. Jahrhunderts geholfen, das
Ritual des Geistertanzes bis nach Kalifornien und Ore-
gon zu verbreiten, aber diese Bewegung war nach Wodzi-
wobs Tod 1872 im Sand verlaufen.

Tavibos Sohn Wovoka (1856–1932) wurde ungefähr mit 14 Jahren von der Familie des weißen Ranchers David Wilson adoptiert. Bei Wovoka, der nun auf den Namen Jack Wilson hörte, weckten die nächtlichen Bibelstunden der Familie und ihre allgemeine Frömmigkeit das Interesse am christlichen Glauben. Dann lernte er bei den Mormonenmissionaren, die bei den Paiute stationiert waren, und eine Zeitlang gehörte er der Kirche der indianischen Shaker an. Er entwickelte eine höchst wirkungsvolle Mischung aus christlichem Weltuntergangsglauben und überlieferten Geistertänzen. Anfang 1898, während einer Sonnenfinsternis, erlebte er eine Todesvision und ein unmittelbares Gespräch mit Gott, der ihm befahl, sein Volk im Geistertanz und in der Botschaft vom tausendjährigen Reich zu unterrichten. Wovoka behauptete, die Indianer müßten sich nur von der Welt zurückziehen und pflichtschuldigst in den vorgesehenen Abständen eine bestimmte Zeit lang den Geistertanz aufführen, dann werde eine Jahrtausenderneuerung stattfinden: Die Geister der Vorfahren würden zurückkehren und bei den Lebenden wohnen; die ursprüngliche Vegetation, Reichhaltigkeit und Fruchtbarkeit des Landes werde wiederhergestellt; der weiße Mann werde verschwinden; und der Büffel werde wiederkehren.

Wovoka predigte den Geistertanz ausdrücklich als separatistische, pazifistische Bewegung; nur wer sich streng an das vorgeschriebene Ritual hielt – das die Vermeidung aller Kontakte mit Weißen und insbesondere der Aggression gegen sie beinhaltete –, konnte die Apokalypse beschleunigen. Aber angesichts einer Realität mit Spannungen, Unverständnis, Rassismus und Gegenvorwürfen ist es kaum verwunderlich, daß die weißen Siedler ausgesprochen nervös wurden, als sie mit ansehen mußten, wie große Indianergruppen ihre üblichen Tätigkeiten aufgaben, sich an bestimmten Orten versammelten und tagelang ununterbrochen ekstatisch tanzten. Die Bewegung verbreitete sich schnell in alle Richtungen von Texas bis zur kanadischen Grenze; 1890 erreichte sie die Sioux, und die bereicherten sie um den (für Weiße) nervenzerfetzenden Glauben, die Tänzer müßten nur ein bestimmtes Hemd tragen, dann könnten die Kugeln des weißen Mannes nicht hindurchdringen.

Viele Tänzer erzählten, wie sie während der durch ekstatische Anstrengung hervorgerufenen Trance gen Himmel gefahren seien. Der Bericht des Häuptlings Little Wound von den Oglala-Sioux ist ein faszinierendes Zeugnis für die Verschmelzung traditioneller christlicher Visionen vom tausendjährigen Reich mit spezifisch indianischen Themen und Mißständen sowie mit der Behauptung der Unverwundbarkeit, die bei den Weißen die Angst schürte.

Als ich in Trance fiel, kam ein großer, majestätischer Adler und trug mich über einen großen Berg; dort war ein Dorf, wie wir es früher hatten, bevor die Weißen in dieses Land kamen. Die Zelte waren alle aus Büffelhaut, wir benutzten Pfeil und Bogen, und in dem wunderschönen Land war nichts, was der weiße Mann gemacht hatte. Und Wakan Tanka würde auch nicht zulassen, daß dort Weiße wohnen. Das Land war weit und grün und erstreckte sich in alle Richtungen und machte mein Auge froh.

Ich wurde in die Gegenwart des großen Messias gebracht, und Er sagte mir diese Worte: »Mein Kind, ich freue mich, dich zu sehen. Möchtest du deine Kinder sehen und deine Angehörigen, welche schon tot sind?« ... Sie erschienen und ritten auf den schönsten Pferden, die ich jemals gesehen hatte, und sie trugen ganz feine Kleider in leuchtenden Farben, und sie schienen sehr glücklich zu sein ... Der Heiland sprach ein Gebet für unser Volk auf Erden, und dann rauchten wir zusammen eine schöne Pfeife, welche mit hübschen Federn und Schweineborsten verziert war. Darauf verließen wir das Dorf und blickten in ein großes Tal, wo Tausende von Büffeln und Elchen weideten ...

Er sagte mir auch, ich solle zu meinem Volk gehen und ihnen sagen, wenn sie nur weiter den Tanz aufführten und sich nicht um die Weißen scherten, werde Er schon bald kommen und ihnen helfen. Wenn die heiligen Männer Arzneihemden für die Tänzer machten und für sie beteten, könne denen, die sie trügen, kein Leid geschehen; dann würden die Kugeln der Weißen, die den Tanz für den Messias aufhalten wollten, zu Boden fallen und niemanden verwunden, und wer den Schuß abgefeuert habe, werde tot umfallen.

Die amerikanische Geschichte wurde von zwei Tragödien heimgesucht, die aus dem falschen Verständnis der Geistertanzbewegung erwuchsen: von dem Mord an Sitting Bull und dem Gemetzel von Wounded Knee. Sitting Bull, der 1876 beim Tod von Custer am Little Bighorn eine umstrittene Rolle gespielt hatte, war immer noch der Häuptling einer kleinen Gruppe von Sioux, aber seine Bedeutung wurde von den Weißen in der Gegend völlig überschätzt. (Sitting Bull war in den Possen von Buffalo Bill aufgetreten und für die rassistischen Amerikaner zum Inbegriff des widerspenstigen, aber edlen Wilden geworden.) Auch Sitting Bull unterstützte nachdrücklich die Geistertanzbewegung. Der örtliche Vertreter der Regierung war beunruhigt und schrieb an den Friedensrichter:

> Ich halte es für meine Pflicht, über die derzeitige »Verrücktheit« und über das Wesen der Aufregung zu berichten, die bei Sitting Bulls Indianerclique wegen des erwarteten tausendjährigen Indianerreiches, der Vernichtung des weißen Mannes und der Vorherrschaft der Indianer vorhanden sind; man rechnet damit für die nächste Zukunft, und die Medizinmänner der Indianer versprechen es spätestens für nächstes Frühjahr.

Öl in das falsche Feuer goß die *Chicago Times* am 28. Oktober 1890 mit einer Schlagzeile, die sich auf den Brief dieses Regierungsvertreters stützte:

DIE WEISSEN AUSMERZEN
Was die Indianer vom Kommen des Messias erwarten
Furcht vor einem Aufstand
Der alte Sitting Bull als Aufrührer der Rothäute

Der Friedensrichter entschloß sich, Sitting Bull in Gewahrsam zu nehmen, und urteilte dann, die Indianerpolizei könne die Aufgabe am wirksamsten und diplomatischsten erfüllen. Aber die große Anspannung in Verbindung mit den üblichen Fehlinterpretationen und vermeidbaren Provokationen ließ aus der Friedensmission

ein Blutbad werden: Auf beiden Seiten brach das Gewehrfeuer los, und schließlich waren sechs Polizisten sowie acht Männer aus Sitting Bulls Partei tot, darunter der
alte Häuptling selbst.

Die Nervosität der Weißen wegen des Geistertanzes
führte in der Regierung auch zu der tragischen Entscheidung, die unabhängige Siouxgruppe des Häuptlings Big
Foot zusammenzutreiben und in einem begrenzten Reser-
vat unterzubringen. Dieser Auftrag wurde unter großen
Spannungen ausgeführt. Weder Big Foot noch der Armee-
kommandant wollten großen Ärger, und beide versuchten, die Gemüter zu beruhigen, die vorwiegend von hitz-
köpfigen jungen Männern auf beiden Seiten angeheizt
wurden – von Rekruten, die voller Vorurteile und Ängste
waren, und von Indianern, die vor Wut und berechtigtem
Kummer glühten. Wäre Big Foot nicht zu krank für eine
Führungsrolle gewesen, und hätte es sich bei den Soldaten
nicht um aufgescheuchte Neulinge, sondern um altge-
diente Veteranen gehandelt, hätte man den für beide Seiten widerlichen, ungerechten Auftrag sicher wie geplant
in aller Stille hinter sich gebracht. Aber dann spielte sich
die übliche Reihe banaler, völlig unheroischer, kleiner,
vermeidbarer Ereignisse ab, und am Morgen des 29. Dezember 1890 brachen – genau wie bei Sitting Bull, nur in
größerem Maßstab – beim Wounded Knee Creek in South
Dakota Panik und Gewehrfeuer aus. Die Regierungstrup-
pen feuerten direkt in die Gruppen flüchtender Indianer.
Als die Panik nachließ und der Rauch sich verzog, waren

30 weiße Soldaten ums Leben gekommen, und bei den Indianern waren 84 Männer sowie 62 Frauen und Kinder tot. Die Geisterhemden hatten nicht gewirkt.

Richard Landes, Professor für Geschichte an der Universität Boston, Direktor des Center für Millennial Studies und Spezialist für die Millenarierbewegungen des europäischen Mittelalters, vertritt ein stichhaltiges Argument für die große Bedeutung des Weltuntergangsglaubens in der Geschichte. Für sie sprechen zwei Hauptgründe, die auf fast alle derartigen Episoden zutreffen. Erstens sind die wahren Gläubigen sich sicher, daß das Ende der derzeitigen Ordnung bevorsteht, und das veranlaßt sie, mit gesellschaftlichen Traditionen, Rollen und Regeln zu brechen, die sie in normalen Zeiten nicht einmal im Traum angetastet hätten. (Warum soll man sich noch Gedanken über Herren und Sklaven machen, wenn alle guten Menschen bald in die gemeinsame Herrlichkeit mit Christus emporsteigen werden? Warum vor örtlichen Herrschern zu Kreuze kriechen oder ungerechten regionalen Vorschriften gehorchen, wenn der Menschensohn bald kommt, und wenn dann alle nur Gott allein dienen werden?)

Zweitens – und hier nennt Landes die auffälligste Gesetzmäßigkeit dieser immer wiederkehrenden geschichtlichen Abläufe – wird die Erwartung des tausendjährigen Reiches *immer* enttäuscht, und den entsprechenden Bewegungen bleibt nur eine Fülle radikaler gesellschaftlicher Handlungsweisen, die nun mit dem sich unerwartet fortsetzenden Leben auf der heutigen Erde in Einklang gebracht werden müssen. Diese Neuentwicklungen, die von Konstruktionen für ein Jahrtausend der Seligkeit zu Hilfsmitteln für eine mögliche Reform der derzeitigen Ordnung gemacht werden müssen, wurden häufig zur Triebkraft abrupter Veränderungen und Wandlungen auf den komplexen Wegen der Menschheitsgeschichte. Jesus sagte, vom Gesetz solle »kein Jota verlorengehen« – »bis alles erfüllt ist«, oder »bis Himmel und Erde vergehen«. Aber Himmel und Erde rühren sich nicht vom Fleck, während die Energie der unerfüllten Jahrtausenderwartungen die Jotas aller »ewigen« heiligen Schriften durcheinanderbrachten und die Aufgaben und Titel aller »immerwährenden« gesellschaftlichen Ränge veränderten – mit Folgen, die oftmals entweder zum Völkermord oder zur Befreiung führten.

Das Jahrtausend als Kalenderfrage

Die Stoiker sagen uns, wenn Sonne und Sterne das Meer ausgetrunken haben, soll die Erde verbrennen. Eine sehr gerechte Prophezeiung: doch wie lange werden sie trinken?

Reverend Thomas Burnet
Telluris theoria sacra
(Die heilige Theorie der Erde), 1691

Warum überhaupt eine Wende?

Die Enttäuschungen mit dem tausendjährigen Reich – vom Ausbleiben der ursprünglichen Voraussage Jesu, der Weltuntergang werde in seiner eigenen Generation stattfinden, bis zum neuesten Abgang der Gläubigen von dem zuletzt auserwählten Berggipfel – werfen eine angsterfüllte Frage stärker auf als alle anderen: »Wenn nicht jetzt, wann dann?« (um ein berühmtes jüdisches Sprichwort zu einem anderen Zweck zu zitieren).

Der vorangegangene Abschnitt hat belegt, was das Jahrtausend in der christlichen und abendländischen Geschichte ursprünglich bedeutete – es war ganz gezielt eine Erzählung über das *zukünftige* tausendjährige Reich Christi auf Erden, das auf eine apokalyptische Zerstörung der heutigen Ordnung folgen sollte. Aber da uns das Jahr 2000 nun kurz bevorsteht, hat sich die ursprüngliche Definition des Mileniums in Richtung einer ganz anderen, vorwiegend kalendarischen Bedeutung verschoben – es bezeichnet das Ende eines irdischen Zeitraumes von 1000 Jahren in der Menschheitsgeschichte, insbesondere wenn man es zwischen Anfangs- und Endjahre mit hübsch sauberen, »glatten« Bezeichnungen wie 1000 und 2000 steckt.

Haben diese beiden Begriffe – das Millennium als Weltuntergang und das kalendarische Millennium – überhaupt etwas miteinander zu tun? Oder handelt es sich um zwei völlig unterschiedliche Begriffe, die nur zufällig beide mit dem Zeitraum von tausend Jahren zu tun haben? Zum Glück für die Zwecke dieses Buches (das ansonsten keinerlei Existenzberechtigung hätte) und um einer guten Geschichte im allgemeinen willen erfreuen sich die beiden Begriffe eines sinnvollen, engen historischen Zusammenhanges – und alles geht von der Hauptfrage aus, die am Anfang dieses Abschnittes stand: »Wenn nicht jetzt, wann dann?«

Der Hauptgrund, von einer Beschreibung der Zukunft zum Zählen in der Gegenwart zu wechseln, erwächst daraus, daß diese vorausgesagte Zukunft nicht Wirklichkeit geworden ist. Wenn man zehn Personen für Samstagabend zum Essen einlädt, und es kommt kein einziger, dann sollte man, um die naheliegendste Erklärung zu finden, im Kalender nachsehen. Sie könnten zwar auch alle im Straßenverkehr ums Leben gekommen sein, oder vielleicht haben auch alle die Grippe bekommen und vergessen anzurufen. Ich würde aber eine beträchtliche Summe darauf wetten, daß man sich einfach ein falsches Datum gemerkt hat – und daß die Gäste alle zur vereinbarten Uhrzeit auftauchen werden, aber erst nächsten Samstag. Ganz ähnlich ist es, wenn wir einfach *wissen*, daß das Millennium kommen muß, wenn wir uns für nächsten Donnerstag als Datum entschieden haben, und wenn wir dann Schlag Mitternacht nach langem Warten die Gelackmeierten sind: Was wird man annehmen? Entweder haben wir uns geirrt und das tausendjährige Reich kommt überhaupt nicht – eine so ungeheuerliche Mög-

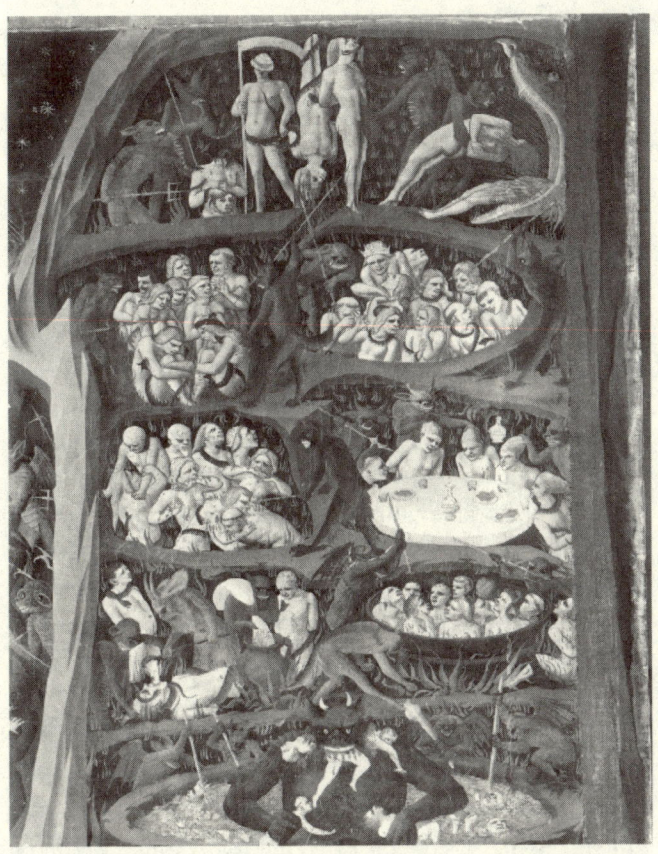

Fra Angelico, *Das Jüngste Gericht* (1432–1435), Detail.

lichkeit, daß viele Menschen sie nicht in Erwägung ziehen mögen –, oder das Datum war falsch (ein unglückseliger Umstand, sicher, aber immer noch viel besser als die Alternative).

Die anfänglichen Bedenken waren vielleicht nur vorsorglicher Natur: Was soll ich tun, wenn der große Tag anbricht? Durch welches der zwölf Tore soll ich in die Stadt eintreten? Aber unsere neue Frage muß sich auf den Kalender beziehen: Na gut, mit dem Donnerstag habe ich mich geirrt. Aber wann kommt nun das Millennium?

Dieser naheliegende Beweggrund für den Wechsel zu Kalenderfragen ist aber nur ein kleiner Teil der Antwort auf unsere eigentliche Frage: Warum soll man mit der Definition der tausend Jahre des Millenniums von einer Beschreibung des Weltuntergangs zu einem Abschnitt im Kalender wechseln? Oder anders gefragt: Wir können die neuen Bedenken wegen des Kalenders zwar begreifen, aber warum um Himmels willen sollten wir irgendwelche Vorlieben oder Sorgen wegen der Zahl 1000 haben? Das tausendjährige Reich bringt uns tausend Jahre zukünftiger Seligkeit, ganz gleich, wann Christus sich zum Auftreten entschließt, aber warum sollte unsere korrigierte Schätzung für Seine Wiederkehr sich auf irgendeinen Zeitraum von tausend Was-es-auch-sei beziehen? Die Dauer der zukünftigen Freuden steht in keiner inneren oder zwangsläufigen Beziehung zur Pein des derzeitigen Wartens.

Die Geschichte bestätigt das logische Urteil ganz eindeutig. Auf kaum eine andere Frage gab es aufgrund von

Berechnungen nach den unterschiedlichsten Prinzipien und unter unterschiedlichsten Annahmen vielfältigere Antworten als auf die nach dem bevorstehenden Beginn des tausendjährigen Reiches (das nicht, wie anfangs versprochen, noch während der Generation Jesu eintraf). Entsprechende Erwartungen leitete man zu allen Zeiten aus allen möglichen Systemen ab, manche davon numerisch, manche hermeneutisch, manche visionär, manche angeblich empirisch-naturwissenschaftlich; und manche waren auch schlichter Wahn. Meist bevorzugte man zyklische Theorien, wobei das Millennium nach Vollendung eines Zyklus eintreten sollte. Thomas Burnet stellte sich Anfang der neunziger Jahre des 17. Jahrhunderts mit *Die heilige Theorie der Erde*, seiner Abhandlung über das tausendjährige Reich, auf die Seite der Zyklusanhänger: »Der Umlauf hin zum wieder gleichen Zustand im großen Kreis der Zeit scheint dem Belieben der Vorsehung zu entsprechen; sie entdeckt nach einer gewissen Zeit gern wieder, was verloren oder verfallen war: und was anfangs gut und glücklich war, macht sie gern wieder so.«

Für die Länge eines solchen Weltenzyklus und den darauffolgenden Beginn des tausendjährigen Reiches wurde so gut wie jede denkbare numerische Grundlage angeführt. Viele Eingeweihte bevorzugen eine Zweiteilung: Danach begann mit der Geburt Jesu ein zweites Zeitalter, in dem sich (symbolisch) alle Ereignisse des Alten Testaments wiederholen, bis mit der Vollendung dieses zweiten Durchlaufs auch die irdische Zeit zu Ende ist und die

Wiederkehr Christi heraufdämmert. Die Lehre von den drei Zeitaltern, die der Mystiker, Bibelphilosoph und berühmteste mittelalterliche Jahrtausenddenker Joachim von Floris im 12. Jahrhundert vertrat, wurde zum Vorbild für beliebte Theorien über Dreierzyklen, die sich auf die Dreifaltigkeit gründeten. (Joachim unterteilte die irdische Geschichte in die drei Zeitalter des Vaters, des Sohnes und des Heiligen Geistes.) Viele andere Denker bevorzugten einen Viererzyklus auf der Grundlage der vier Königreiche in den apokalyptischen Kapiteln des Buches Daniel. Wieder andere vertraten eine fünffache Teilung und stützten sich dabei auf die fünf aufeinanderfolgenden politischen Gesellschaftsformen in Platons großem Jahr. Die mächtigste und weltlichste quasi-apokalyptische Bewegung unserer Zeit – sie wartete auf das irdische tausendjährige Reich des Kommunismus, das Marx in seiner Theorie der unausweichlichen historischen Stadien der Gesellschaftsform versprochen hatte – vertrat eine sechsfache Teilung: Urkommunismus, Sklaverei, Feudalherrschaft, Kapitalismus, Sozialismus und Kommunismus (wobei das letzte Stadium als verbesserte Rückkehr zu einer ursprünglichen Glückseligkeit interpretiert wird). Augustinus bevorzugte eine Große Woche mit sieben geschichtlichen Phasen, alle mit unterschiedlicher, aber vorhersagbarer Länge.

Angesichts derart vielfältiger Grundlagen für die Beurteilung konnte sich ein Zeitraum von tausend Jahren ganz offensichtlich nicht von sich aus einer bevorzugten

Stellung erfreuen. Das Millennium wurde je nach dem gerade beliebten System für fast jeden Zeitpunkt vorhergesagt und erwartet. Thomas Müntzer war für 1545; William Miller: 1844; Wovoka: 1890; und John Chilembwe: 1915; die Jahre 1000 und 2000 oder Zeiträume von 100 im allgemeinen konnten keinen besonderen Vorrang für sich beanspruchen.

Warum Phasen von 1000 Jahren den Vorzug geben?

In diesem Wirbel der Vielfalt tauchte aber in der Frühzeit des Christentums ein ganz besonderes Argument auf, das danach immer mehr an Durchschlagskraft gewann und der Zahl 1000 in der Geschichte der kalendarischen Berechnungen für das tausendjährige Reich eine stark bevorzugte Stellung verschaffte. Dieses Argument verknüpfte die tausendjährige zukünftige Dauer des Reiches Christi mit dem Ablauf von tausend Jahren in der irdischen Geschichte – damit war zwischen den beiden unterschiedlichen Bereichen endgültig die Verbindung hergestellt. Das Millennium als Apokalypse führt tatsächlich zum Millennium des Kalenders – allerdings nur durch eine Argumentation, die von Symbolismus durchtränkt ist.

Nach dieser langen Vorrede mag die klassische Argumentation, die das apokalyptische und das kalendarische Jahrtausend verbindet, entsetzlich schwach und enttäuschend erscheinen – denn die Verknüpfung erfordert eine

Das Jüngste Gericht. Anonym, Bologna, 14. Jahrhundert.

symbolische Interpretation, die heute wahrscheinlich den meisten von uns einfältig und weit hergeholt erscheint. Hat man sonst einmal so vieles auf so wenigem aufgebaut? Aber auf der Grundlage unserer säkularen Gegenwart können wir nicht beurteilen, wie offenkundig überzeugend und sinnvoll eine solche Argumentation unseren eher spirituell ausgerichteten Vorfahren erschienen sein muß – in ihren Augen war eine spirituelle Verbindung oftmals sowohl höchst aufschlußreich als auch vollkommen schlüssig. Das sagten sie zumindest – und ich glaube, wir müssen sie beim Wort nehmen. Es mag unsere Aufgabe sein zu überlegen, warum (wenn wir versuchen, es zu verstehen); aber es ist *nicht* unsere Aufgabe, das Gefühl der Zufriedenheit bei unseren Vorfahren zu leugnen, nur weil wir heute keinen Sinn mehr für eine Art der Argumentation haben, die einst als Weg, um zu wahren Antworten über die Natur zu gelangen, auf der gleichen Stufe stand wie unsere heutige Wertschätzung für die empirische Naturwissenschaft.

Die klassische Argumentation ist »nur« eine Analogie, und Analogien betrachten wir heute meist im besten Fall als »hübsch« und im schlimmsten als »irreführend«. Sie sind in unserem Urteil die armseligsten Verwandten (oder sogar völlig fremde Eindringlinge) in einer Familie nützlicher Verfahren, die von dem Geschwisterpaar einer unwiderlegbaren inneren Logik und überprüfbarer Sinnesinformationen beherrscht werden. Würden wir aber in einer Welt leben, in der Gott alle Gegenstände vom

Molekül bis zur Milchstraße erschaffen hat, und das zu einem Zweck, der unserem menschlichen Erfindungsreichtum zugänglich ist, könnten wir eine ganz andere Theorie von Beweis und Sinn entwickeln. Wenn alle Gegenstände gezielt als Teile eines zusammengehörigen, vollständigen Ganzen erschaffen wurden – und wenn diese Ganzheit einen Sinn enthält, der nur schwer zu ergründen ist (denn Gott arbeitet auf geheimnisvolle Weise), der aber mit Sicherheit zu Freude und Verstehen führt, wenn wir nur den Schlüssel finden können –, dann wird unter Umständen die Suche nach einer »tieferen Bedeutung« in den Wechselbeziehungen oberflächlich völlig getrennter Teile zu unserer bevorzugten Methode. Dann rückt die Analogie als wertvollstes Hilfsmittel in den Mittelpunkt – wie sonst könnten wir die Verbindung zwischen den Sandkörnern der Wüste und den Sternen am Himmel herstellen –, und sie ist nicht nur eine lustige Laune, über die man auf der Party am nächsten Samstag Witze machen kann (wenn die zehn Gäste dann endlich kommen).

Als Theologen und Gelehrte im Neuen Testament nach Hinweisen auf ein neues Datum für das tausendjährige Reich suchten, konzentrierten sie sich auf das dritte Kapitel des zweiten Petrusbriefes – eines Schreibens an die Gläubigen über die neuesten Jahrtausendtäuschungen und über die Erwartungen für die Zukunft. Zunächst räumt Petrus ein, es seien Zweifel aufgekommen, weil der Weltuntergang nicht zum erwarteten Zeitpunkt eingetreten sei: »Ihr sollt aber vor allem wissen, daß in den letzten Tagen Spötter kommen werden, die ihren Spott treiben, ihren eigenen Begierden nachgehen und sagen: Wo bleibt die Verheißung seines Kommens? Denn nachdem die Väter entschlafen sind, bleibt alles, wie es von Anfang der Schöpfung gewesen ist.«

Aber dann erinnert uns Petrus daran, daß seit den Anfängen durchaus nicht alles ruhig und ereignislos war, denn Gott hat die Erde schon früh durch die Sintflut zerstört: »Denn sie wollen nichts davon wissen, daß der Himmel vorzeiten auch war, dazu die Erde, die aus Wasser und durch Wasser Bestand hatte durch Gottes Wort; dennoch wurde damals die Welt dadurch in der Sintflut vernichtet.« Außerdem legen mehrere biblische Prophezeiungen die Vermutung nahe, daß die nächste Zerstörung durch Feuer stattfinden wird: »So werden auch der Himmel, der jetzt ist, und die Erde durch dasselbe Wort aufgespart für das Feuer, bewahrt für den Tag des Gerichts und der Verdammnis der gottlosen Menschen.«

Aber wann würde dieser Tag des Gerichts kommen, und wann würde das versprochene tausendjährige Reich beginnen? Petrus gibt darauf keine genaue Antwort, sondern er vertritt im nächsten Vers des dritten Kapitels die symbolische Argumentation durch Analogie, die den Verlauf der Debatte über das tausendjährige Reich von nun an bestimmen sollte: »Eins aber sei euch nicht verborgen, ihr Lieben, daß ein Tag vor dem Herrn wie tausend Jahre ist und tausend Jahre wie ein Tag« (2. Petrus 3:8).

Petrus nennt also kein bestimmtes Datum, sondern er gibt eine orakelhafte Antwort, aber zumindest zieht er das vertraute Symbol eines freundlichen Orakels heran und keine eigenwillige, völlig neue Stimme – denn die Gleichsetzung unserer Tausend mit Gottes Einheit ist im Alten Testament ein häufiges Thema, insbesondere in den berühmten Worten des 90. Psalms: »Denn tausend Jahre sind vor dir wie der Tag, der gestern vergangen ist, und wie eine Nachtwache.« (Derselbe Psalm enthält auch den klassischen Vers für die Verbindung zwischen Zählen und Verstehen: »So lehre [uns] denn zählen unsere Tage, damit wir ein weises Herz erlangen!«)

Mit dieser Gleichsetzung als Leitfaden können wir weiter überlegen, welcher irdische Zeitraum das tausendjährige Reich einleiten muß. In der Offenbarung heißt es, das erste selige Zeitalter nach der Apokalypse (das Millennium) werde tausend Jahre dauern. Wir wissen, daß jeder Zeitraum von tausend Jahren für Gott nur ein Tag ist. Wir wissen auch, daß Gott die Welt in sechs Tagen erschuf und am siebten ruhte. Dem symbolischen Vergleich zufolge wird die Weltgeschichte sich also im Laufe von sechstausend Jahren der normalen, irdischen Zeit bis zu einem Punkt der Vollendung entwickeln (vergleichbar mit der Vollendung der ursprünglichen Schöpfung durch Gott) und dann in die siebte und letzte 1000-Jahr-Periode der Seligkeit eintreten (vergleichbar mit Gottes wohlverdientem Ruhetag nach seiner gewaltigen Anstrengung). Die Erdgeschichte mußte also genau siebentausend Jahre umfassen – als Symbol für Gottes sieben Schöpfungstage (sechs Tage der Arbeit und ein Ruhetag, entsprechend sechstausend Jahren mit irdischen Qualen, gefolgt von tausend Jahren der himmlischen Harmonie) – bevor dann die *Tuba mirabilis* (die letzte Posaune) ertönte und mit dem Jüngsten Gericht das wirkliche, endgültige Finale ankündigte.

Die zukünftige Dauer des tausendjährigen Reiches besagt also etwas über die zugelassene Länge der Menschheitsgeschichte und über den entscheidenden Endpunkt mit der Wiederkehr Christi. Diese allgemein übliche Argumentation – sicher die bekannteste und anerkannteste kalendarische Theorie für das tausendjährige Reich in der ganzen Kirchengeschichte – geht mindestens bis auf das 4. Jahrhundert und die Schriften des Kirchenvaters Lactantius zurück; er stellte in seinem Hauptwerk mit dem Titel *Divinae institutiones* (»Göttliche Unterweisungen«) fest:

> Platon und viele andere Philosophen, welche in Unkenntnis über den Ursprung aller Dinge waren, und über jene allererste Zeit, da die Welt gemacht wurde, sagten, es seien viele tausend Zeitalter verflossen, seit diese schöne Anordnung der Welt vollendet ward; ... aber wir, die uns die Heiligen Schriften das Wissen über die Wahrheit lehren, kennen Anbeginn und Ende der Welt ... Lassen wir die Philosophen, welche Tausende von Zeitaltern seit dem Anfang der Welt zählen, also wissen, daß das sechstausendste Jahr noch nicht vollendet ward, und daß, so diese Zahl verstrichen ist, die Erfüllung stattfinden muß, daß dann die Angelegenheiten der Menschen zum Besseren sich wenden

werden, welcher Beweis erbracht werden muß, damit die Sache selbst deutlich wird. Gott vollendete die Welt und dieses wundersame Werk der Natur in der Zeit von sechs Tagen, wie es in den Geheimnissen der Heiligen Schrift enthalten ist, und heiligte den siebten Tag, an welchem Er von Seinen Taten ruhte ... Deshalb, weil alle Werke Gottes in sechs Tagen vollendet waren, muß die Welt in ihrem jetzigen Zustand durch sechs Zeitalter hindurch bestehenbleiben, das heißt sechstausend Jahre. Denn der große Tag Gottes ist begrenzt durch einen Kreis von tausend Jahren, wie der Prophet zeigt, da er sagt: »Denn tausend Jahre sind vor dir wie der Tag, der gestern vergangen ist.«

Fast 1300 Jahre später, Ende des 17. Jahrhunderts, vertrat der Geistliche Thomas Burnet in *The Sacred Theory of the Earth,* seiner Abhandlung über das Jahrtausend in der Menschheits- und Erdgeschichte, das gleiche Argument:

Es muß gezeigt werden, wie die Väter diesen Vergleich von sechstausend Jahren auf die Heilige Schrift gründeten. Er beruhte vor allem auf dem Hexameron, den sechs Schöpfungstagen, auf welche der Sabbat folgte. Der Sabbat, so sagten sie, war ein Typus [Symbol] für den Sabbatismus [das tausendjährige Reich], welches am Ende der Welt folgen sollte; und dann müssen laut Analogie und Folgerichtigkeit jene sechs Tage, welche dem Sabbat vorausgehen, den Zeitraum und die Dauer der Welt kennzeichnen. Wenn sie also enthüllen konnten, wieviel ein Tag in dieser mystischen Berechnung zählt, wäre die Summe der sechs Tage leicht herauszufinden. Und sie glauben, daß ein Tag nach dem Psalmendichter und St. Petrus auf tausend Jahre zu schätzen sei; infolgedessen müssen sechs Tage als sechstausend Jahre für die Dauer der Welt zählen. Das ist ihre Deutung und Schlußfolgerung.

Anschließend räumt Burnet ein, im Prinzip hätten alle derartigen, auf Allegorie und Analogie gegründeten Argumentationen eine »wesentliche Schwäche«. (Immerhin war er ein Zeitgenosse und Freund Newtons, und die Neuzeit mit neuen Kriterien für die Gültigkeit von Argumenten brach gerade an.) Aber Burnet konnte in der traditionellen Sichtweise keine sachlichen Schwierigkeiten erkennen und vertrat sie deshalb von ganzem Herzen: »Wir können so kühn sein und sagen, daß weder in der Natur noch in der Heiligen Schrift oder in den Angelegenheiten der Menschen etwas aufscheint, was dieser Annahme von sechstausend Jahren widerspräche, welche ihr hohes Alter und die Autorität der Kirchenväter auf ihrer Seite hat.«

Zu guter Letzt sorgte dieser allegorische Vergleich göttlicher Tage und menschlicher Zeitalter dafür, daß die kalendarischen Jahrtausende eine Sonderstellung als bevorzugte Zähl- und Unterteilungseinheiten einnahmen. Wenn die Dauer der Menschheitsgeschichte auf sechstausend Jahre festgelegt war und wenn jedes derartige Jahrtausend einen abgegrenzten Tag in Gottes Schöpfertätigkeit am Anbeginn der Zeiten wiedergab, waren Jahrtausende die »Atome« der historischen Zeitrechnung, unteilbare Grundbausteine unserer Berechnungen. Jede gute, umfassende Theorie benennt durch die Logik ihrer Erklärungsstruktur eine Grundeinheit – solche Einheiten sind demnach »theoriegebunden« und nicht ausschließlich (manchmal nicht einmal in nennenswertem Umfang) Gegenstand objektiver Beobachtungen. Die Atomtheorie liefert uns das Periodensystem für die Einheiten oder Elemente der Materie. Die Teilchenphysik liefert uns als Bausteine im allerkleinsten Maßstab die Quarks, Charms und Flavors oder was sonst in einem wechselnden Feld als nächstes dran ist. Die Evolution liefert uns Arten für die natürliche Unterteilung der Lebewesen. Und die Allegorie der göttlichen Tage liefert uns die Jahrtausende für die grundlegenden Einteilungen des Zeitenlaufes.

Aber da Theorien eine so interessante, komplizierte Mischung aus empirischer Wirklichkeit und menschlichen Vorlieben darstellen, und da sie außerdem oftmals so historisch zufällig und bemerkenswert falsch sind, muß ich den Leser gleichzeitig auch daran erinnern (wie ich schon in der Einleitung des Buches betont habe), daß die echten astronomischen Kreisläufe der Natur (Tage, Mondmonate und Jahre) keinerlei Tausender-Einteilung kennen, sosehr unsere Religionsgeschichte und unsere dezimale Mathematik sich auch mit Fug und Recht entschließen mögen, beim Zählen einem solchen Kriterium den Vorzug zu geben.

Rogier van der Weyden, *Das Jüngste Gericht* (1443). Mittlere
Tafel eines Altarbildes.

WARUM SOLL MAN »GLATTEN« JAHRESZAHLEN MIT DREI NULLEN EINE BESONDERE BEDEUTUNG BEIMESSEN?

Der allegorische Vergleich der Tage Gottes mit den Jahrtausenden der Menschen ist nur die halbe Antwort auf die drängende praktische Frage, die der Anlaß dieses ganzen Gedankenganges war: Wann genau wird der Weltuntergang eintreten, und wann wird das Millennium beginnen? Wir können sicher sein, daß dieser große Knall in der Erdgeschichte stattfinden wird, wenn sechstausend Jahre – unterteilt in sechs Zeitalter zu je tausend Jahren – vorüber sind, aber wir wissen nicht, wann das Ende dieser sechstausend Jahre erreicht ist, solange wir nicht auch wissen, wann die Zeit eigentlich begonnen hat! Gebt mir einen Anfang und eine Dauer – dann kann ich genaue Angaben über das Ende machen.

Während die Idee einer Dauer von sechstausend Jahren die Zustimmung der Mehrheit fand (und von denen, die andere Systeme für die Berechnung der historischen Zeit bevorzugten, zumindest verstanden werden konnte), wurde die zweite unentbehrliche Zutat – der festgelegte Anfangspunkt – zum Anlaß unendlicher Debatten, die nie zu einer einhelligen Meinung führten. Deshalb konnten die verschiedenen Jahrtausendpropheten mit ihren unterschiedlichen Zeitpunkten hausieren gehen.

Das erste beliebte System für die Berechnung des Zeitendes, das sich auf die Doppelvoraussetzung eines festgelegten Anfangs und einer Dauer von sechstausend Jahren gründete, entwickelte Sextus Julius Africanus (ca. 180–250), ein römischer Beamter und frühchristlicher Gelehrter. In der ersten umfassenden, aus christlicher Sicht verfaßten Zeittafel, den umfangreichen *Chronographiai* von 221, vertrat Sextus die Ansicht, von der Schöpfung bis zur babylonischen Gefangenschaft des Volkes Israel seien fünftausend Jahre vergangen, und weitere fünfhundert seien es von dort bis zur Geburt Christi. Dieser Countdown ließ nur noch fünfhundert Jahre bis zum vorgesehenen Ende der Zeiten. Deshalb gab Sextus bekannt, das tausendjährige Reich werde 500 n. Chr. beginnen – das Datum war immerhin noch so weit entfernt, daß die peinliche Widerlegung in der Zeit seines eigenen irdischen Daseins ausgeschlossen war; bald darauf sollte es aber auch in der endgültigen Prüfung durchfallen: Das Jahr 500 verstrich ohne eine Katastrophe, die der Erwähnung wert wäre.

Danach gab es in der Christenheit große Aufregung um eine andere Berechnung, die das tausendjährige Reich für 800 oder 801 vorhersagte. Das genannte Jahr wurde zu einem Meilenstein der europäischen Geschichte, aber selbst die Krönung eines so gewaltigen Herrschers wie Karls des Großen ist natürlich eine Lappalie gegenüber dem vorhergesagten und nicht erfüllten Einsetzen des Reiches Christi.

Heute, viel später, kurz vor dem Wechsel ins Jahr 2000, drehen sich die Gedanken wiederum um den Weltunter-

gang – vorwiegend allerdings mit einer skurrilen Belusti-
gung oder wissenschaftlichem Interesse für unser unver-
froren weltliches Zeitalter, nicht mit ängstlichem Zittern
oder glühender Erwartung. Der allgemeine Eindruck, daß
Weltuntergangssehnsucht in Jahren mit drei Nullen ihren
Höhepunkt erreicht, wird – wenn er sich bestätigt – eine
starke, endgültige Verbindung zwischen dem Millennium
der Apokalypse und dem kalendarischen Millennium
schmieden. Deshalb müssen wir die Frage stellen, ob der
alte Glaube an einen Zeitraum von sechstausend Jahren
irdischer Zeitrechnung, gefolgt von weiteren tausend Jahren der Seligkeit vor dem Jüngsten Gericht, auch eine
Vorliebe für Jahreszahlen mit drei Nullen einschloß – insbesondere für den entscheidenden Augenblick der Wiederkehr Christi und den umwälzenden Übergang von der
weltlichen zur göttlichen Herrschaft.

Als empirisch eingestellter Naturwissenschaftler möchte ich in dieser entscheidenden Frage auf die einzige
Quelle nachprüfbarer Erkenntnisse zurückgreifen, die uns
eine begrenzte Zeit zugänglich gemacht hat. Die Theorie
eines Zeitraumes von sechstausend Jahren entstand in
der Frühzeit des Christentums, und seitdem hat es nur
eine Jahrtausendwende gegeben: das Jahr 1000. Wie viele
Menschen bereits wissen – und viele andere werden es
bald aus den zahlreichen Veröffentlichungen erfahren,
die von unserem bevorstehenden Jahrtausendaugenblick
angeregt werden –, gab die Frage, ob im Jahr 1000 eine
Welle »panischen Schreckens« über Europa hinwegfegte,

unter Historikern eine ganze Zeitlang Anlaß zu erheblichen Diskussionen.

Das Thema wurde zum Gegenstand einer umfangreichen, fachlichen wie auch populären Literatur, die fast das ganze Spektrum möglicher Meinungen enthält: von der praktisch vollständigen Verneinung (Hillel Schwartz, *Zeitenwende – Weltenende?* Westermann 1992) bis zu absurd unkritischer Anerkennung (Richard Erdoes, *AD 1000*, Harper and Row, 1988), ins Gleichgewicht gebracht durch die fein schattierte mittlere Position eines hochrangigen Fachmannes (Henri Foçillon, *The Year 1000*, Frederick Ungar, 1969).

Foçillon räumt ein, es habe um die Mitte des 10. Jahrhunderts sicher Unruhen wegen der Jahrtausendwende gegeben, zumindest örtlich begrenzt in Frankreich, Lothringen und Thüringen. Aber er findet verblüffend wenig Belege für allgemeine Befürchtungen rund um das eigentliche Jahr 1000 – nichts in irgendeiner Bulle aus dem Vatikan, nichts von irgendeinem Papst, Herrscher oder König.

Auf der Habenseite steht ein höchst produktiver Mönch namens Raoul Glaber: Er sprach von den Schrecken der Jahrtausendwende und meinte: »Satan wird bald entfesselt werden, denn die tausend Jahre sind verstrichen.« Außerdem behauptete er – was durch keinerlei Dokumente oder archäologische Befunde gestützt wird –, kurz nach dem Jahr 1000 habe eine Welle von Kirchenneubauten eingesetzt, weil die Menschen erkannt hätten, daß Armageddon hinausgeschoben war: »Etwa drei Jahre nach dem Jahr 1000«, schrieb Glaber, »legte die Welt das reine weiße Gewand der Kirchen an.«

Glabers Bericht vermittelt eine verblüffende Lehre über die Gefahren einer fixen Idee. Er war 1033 noch am Leben und verkündete, das tausendjährige Reich stehe bevor – obwohl er einräumen mußte, er habe sich mit der Geburt Christi und dem Beginn der Zählung geirrt; jetzt behauptete er, der Weltuntergang werde tausend Jahre nach Jesu Passion eintreten, also 1033. In einer Hungersnot, die es in diesem Jahr gab, sah er ein sicheres Vorzeichen: »Die Menschen glaubten, der geordnete Lauf der Jahreszeiten und der Gesetze der Natur, welche die Welt bis dahin beherrscht hatten, sei ins ewige Chaos gestürzt; und sie fürchteten, das Ende der Menschheit sei gekommen.«

Mit meinem eigenen Standpunkt neigte ich immer eher zur Skepsis, bis ich an einer internationalen Tagung teilnahm, die diesem Thema gewidmet war (»The Apocalyptic Year 1000«, Universität Boston, 3. bis 5. November 1996). Dort erfuhr ich, wie umfangreich und kompliziert die Debatte mittlerweile geworden war. Zunächst einmal war der »panische Schrecken« in Historikerkreisen längst ein politischer Zankapfel. Anfang des 19. Jahrhunderts hatten die Geschichtsforscher der französischen Romantik Gefallen an der Legende gefunden und eine raffinierte Argumentation zusammengezimmert, mit der sie die Vorstellung von einer mächtigen, verbreiteten

Weltuntergangsepisode rechtfertigen konnten. Danach jedoch, während der Dritten Republik, nahmen die vom rationalistischen Geist des späten 19. Jahrhunderts geprägten positivistischen Historiker eine umgekehrte, skeptische Haltung ein, die in diesem Fachgebiet bis heute vorherrscht.

Der Mediävist Richard Landes, der die Tagung einberufen hatte, überzeugte mich davon, daß die heute vorliegenden Indizien zumindest für eine mäßig starke Unruhe wegen der Jahrtausendwende sprechen, vor allem in den Bevölkerungsschichten der Bauern und einfachen Leute – also gerade bei den Gruppen, die mit ihren wichtigen Belangen nur so wenig historische Aufzeichnungen hinterlassen haben, insbesondere in jenem weit zurückliegenden Zeitalter vor der Erfindung des Buchdrucks. Zumindest bin ich jetzt sicher, daß ich den wichtigsten Grund meiner Skepsis zu den Akten legen kann. Ich war noch nicht einmal überzeugt gewesen, daß ein Jahr 1000 im Bewußtsein der Menschen jener Zeit überhaupt vorkam. Unser heutiges v.-Chr.-n.-Chr.-System der Zeitrechnung entstand erst im 6. Jahrhundert (siehe Teil 2), und ich hatte angenommen, dieses Schema sei bis zum Jahr 1000 noch kaum in das Bewußtsein der Öffentlichkeit gedrungen. Wie Landes und andere jedoch nachweisen konnten, hatte man die berühmten Zeittafeln des Beda Venerabilis, jenes schrecklichen englischen Geistlichen und Gelehrten aus dem 8. Jahrhundert, überall in Europa vielfach abgeschrieben und verbreitet, so daß sie für die kirchlichen Aufseher fast zu kanonischen Schriften wurden. Beda befolgte das v.-Chr.-n.-Chr.-System und machte es populär. Aufgrund seiner Werke hatte sich das Näherrücken des Jahres 1000 – mit seinen Auswirkungen auf das tausendjährige Reich – wahrscheinlich in allen Gesellschaftsschichten herumgesprochen.

Dieser Bericht über das Jahr 1000 schafft die letzte Verknüpfung auf unserem Weg vom tausendjährigen Reich als zukünftigem Zeitalter zu Jahrtausendwechseln, wie wir sie heute verstehen. Der Ausgangspunkt für diesen Bedeutungswandel ist eine allgemein bekannte Gestalt: Jesus Christus selbst. Die ursprünglichen tausend Jahre bezeichneten die Dauer Seiner Herrschaft *nach* der Wiederkehr. Um dieses segensreiche Ereignis vorherzusagen, postulierten die frühen Christen für die gewöhnliche irdische Zeit eine Dauer von sechstausend Jahren, unterteilt in sechs Abschnitte von jeweils tausend Jahren. Damit diese kalendarischen Jahrtausende in Jahren mit drei Nullen wechselten, die (wie das bevorstehende Jahr 2000) mit so ernsthaften, weltweit verbreiteten Erwartungen befrachtet sind, müssen wir unser System zum Zählen der Jahre auf ein Ereignis stützen, das sich angeblich an einem jener »hübsch runden« Augenblicke abgespielt hat.

Als ein solcher Mittelpunkt dient in unserem derzeitigen Zeitrechnungssystem die Geburt Jesu. Die Begründer unseres Kalenders rechneten von diesem Ausgangspunkt in Abschnitten von Jahrtausenden v. Chr. rückwärts, bis sie zur Erschaffung der Welt gelangten. Dann zählten sie in Abschnitten von Jahrtausenden n. Chr. vorwärts, um die sechstausend Jahre der Menschheitsgeschichte auszufüllen und den Weltuntergang mit der Wiederkehr Christi festzulegen. Es paßt alles zusammen. Ein Gott mit mathematischen Neigungen, eingedenk der Anziehungskraft, die Zyklen und Zahlenwiederholungen auf die nach Seinem Ebenbild erschaffenen, liebenswerten und fehlbaren Geschöpfe ausüben, hätte Seinen einzigen Sohn sicher an einem entscheidenden Wendepunkt der kosmischen Tausenderzyklen Fleisch werden lassen.

Jetzt blieb nur noch eine Frage, und zwar die sachlichste, unheilvollste von allen: An welcher Jahrtausendwende war Jesus geboren worden? Wie viele der sechs möglichen Jahrtausende waren seiner Geburt vorausgegangen, und wie viele blieben für unsere Zukunft noch übrig? Nach Überzeugung derer, die im Jahr 1000 in panisches Entsetzen verfielen, waren vor Jesu Geburt schon fünf Jahrtausende verstrichen, und bei der nächsten Jahrtausendwende mußte deshalb der Weltuntergang kommen.

Und wieder einmal ging es wie immer in der Geschichte des Weltuntergangsdenkens: Der vorgesehene Zeitpunkt verstrich, und die Erde blieb bestehen. Die Traditionsbewahrer wandelten ihre Theorie deshalb auf die nahcliegende, geringstmögliche Weise ab: Zwischen der Schöpfung und der Geburt Jesu konnten erst viertausend Jahre vergangen sein – und die derzeitige Welt konnte demnach bis zum Jahr 2000 fortbestehen.

Ein letztes Kapitel zu unserer Geschichte liefert der Beginn der modernen Geschichtswissenschaft im 17. Jahrhundert. Die Schöpfung 4000 v. Chr. und die Zerstörung 2000 n. Chr. waren durch Symbole und Allegorien zu belegen. Aber warum sollte man nicht auch in den Befunden aus der Menschheitsgeschichte nach einer Bestätigung suchen? Die Bibel und andere historische Schriften gaben den zeitlichen Ablauf des Lebens der Menschen wieder. Warum sollte man nicht von der Geburt Jesu rückwärts zählen, über die Zeit des römischen und nahöstlichen Reiches hinweg, über die Königreiche Juda und Israel, das Zeitalter der Vorväter (einschließlich der maximal 969 Jahre Methusalems) bis hin zur Schöpfungswoche, um festzustellen, ob ein Anfang um 4000 v. Chr. mit den historischen Aufzeichnungen in Übereinstimmung zu bringen war?

Die vorhandenen Schriften enthielten bereits Schätzungen, die »in der richtigen Größenordnung« lagen, und damit waren die Vorzeichen für den Erfolg einer strengeren Untersuchung gut. Die hebräische Bibel hatte die Schöpfung mit einer anderen Rechenmethode auf 3761 v. Chr. festgelegt, und die Septuaginta (die griechische Bibel, übersetzt von den Juden in Alexandria) bevorzugte das Datum 5500 v. Chr. Schon vor dem 17. Jahrhundert hatten sich mehrere Gelehrte daran versucht, mit ähnlichen Ergebnissen. Der (offenbar allgegenwärtige) Beda Venerabilis hatte das Jahr 3952 v. Chr. errechnet und lag damit verführerisch nahe an dem magischen Jahr 4000.

Aber das 17. Jahrhundert war auch der Höhepunkt in diesem Vorhaben, die Grenzen der Zeit durch Frisieren historischer Aufzeichnungen festzulegen. Heute neigen wir dazu, über solche Bemühungen zu spotten: Wir brandmarken sie als letzte Bastion einer gedankenlosen, antiintellektuellen biblischen Abgötterei. Ich brauche wohl nicht zu betonen, daß ich sie nicht wegen irgendeiner sachlichen Richtigkeit verteidigen werde. Diese Gelehrten begingen den entscheidenden Fehler, die Bibel wortwörtlich für bare Münze zu nehmen. Da die Schöpfungs»woche« um mehrere Größenordnungen zu kurz ist, haben die berechneten Zeitpunkte nicht das geringste mit der wahren Länge der Erdgeschichte zu tun! Aber gerechterweise können wir nicht unser heutiges Wissen benutzen, um eine Gelehrsamkeit früherer Zeiten zu geißeln, die sich auf andere, ehrenwerte (wenn auch falsche) Voraussetzungen stützte. Unter den Kalenderkundigen des 17. Jahrhunderts waren die klügsten, kenntnisreichsten Gelehrten jener Zeit. Ihre Bemühungen waren ein Höhepunkt in der Tradition des Humanismus, denn sie bekannten sich dazu, ausschließlich Beobachtungen und Vernunft zu benutzen (auch wenn wir ihre Beobachtungen heute als nicht genau genug und ihre vernünftigen Überlegungen als entscheidend irregeleitet betrachten, weil sie die Bibel wörtlich nahmen).

Die berühmteste Zeittafel von allen veröffentlichte Erzbischof James Ussher, der Primas von Ganz Irland, im Jahr 1650. Sie trug den Titel *Annales veteris testamenti a prima*

Albrecht Dürer, *Die Öffnung des fünften und sechsten Siegels, die Verteilung weißer Gewänder unter den Märtyrern und der Fall der Sterne* (1498). Holzschnitt aus der Offenbarung des heiligen Johannes.

mundi origine deducti (Die Annalen des Alten Testaments, abgeleitet aus dem ersten Ursprung der Welt). Ussher verlegte die Schöpfung auf einen Tag, der im guten wie im bösen in Erinnerung bleiben sollte: auf 4004 v. Chr. – und zwar auf den Nachmittag des 23. Oktober. Daß man dem guten Erzbischof keine Ungenauigkeit vorwerfe!

Usshers Zahl liegt aufreizend nahe an dem erwarteten Datum 4000 v. Chr. Es bleibt nur eine winzige Diskrepanz, die noch beseitigt werden muß – und damit können wir diese Untersuchung zum Abschluß bringen: Woher hatte der Erzbischof Ussher die vier zusätzlichen Jahre, und warum fühlte er sich gezwungen, sie einzufügen? Addierten sich die biblischen Daten schlicht und einfach zu dieser Summe? Gelangte der gute Erzbischof dann nach den angestrengten Mühen vieler Jahre zu dem Schluß, Kalenderkunde könne wie das Hufeisenwerfen funktionieren – eine der wenigen Unternehmungen der Menschen, bei denen – so sagt man jedenfalls – das »Nahezu« zählt? Oder gibt es für die vier Jahre einen interessanten, prinzipiellen Grund, der unsere Geschichte abrunden könnte?

Glücklicherweise trifft die zweite, interessantere Möglichkeit zu. Wie ich im Teil 2 zeigen werde, beging der Erfinder des v.-Chr.-n.-Chr.-Systems einen unglückseligen kleinen Fehler, als er das Geburtsdatum Jesu als entscheidenden Übergang festlegte. Wissen Sie, Herodes starb nämlich 4 v. Chr. Wenn Herodes also bei der Geburt Jesu noch herrschte – und man stelle sich nur vor, wie viele gute Geschichten es nicht mehr gäbe, wenn das nicht der

Fall war (der Mord an den unschuldigen Kindern, die Rückkehr der heiligen drei Könige in ihre Heimat) –, muß Jesus 4 v. Chr. oder noch früher geboren sein. Diese vier zusätzlichen Jahre fügte Ussher in seine Zeittafel ein – denn die Theorie schrieb vor, daß vom Anfang bis zur Geburt Jesu genau viertausend Jahre vergangen sein mußten, und damit war der Anbeginn der Welt auf das Jahr 4004 v. Chr. festgelegt.

Ussher übernahm ganz und gar die übliche Ansicht, zwischen der Schöpfung und der Wiederkehr Christi müßten genau sechstausend Jahre liegen. Seine Berechnungen nahm er vor, weil er feststellen wollte, wann die Welt enden müsse; er hoffte, das Jahrtausend der Seligkeit werde so bald anbrechen, daß es die Hoffnungen der Menschen beflügeln konnte, aber auch noch in so ferner Zukunft, daß sein eigenes Leben und seine Macht erhalten blieben. Ussher gehörte also zur Partei derer, die sich für den Wechsel vom Millennium der Apokalypse zum kalendarischen Millennium aussprachen. Das heißt, er vertrat die Ansicht, man solle die weltliche Zeit in Tausender-Einheiten berechnen und jede Jahrtausendwende solle durch ein großes historisches Ereignis gekennzeichnet sein, das die ganze Schönheit und innere Logik von Gottes System deutlich machte – wobei der letzte Augenblick, der Beginn des tausendjährigen Reiches, genau sechstausend Jahre nach der Schöpfung eintrat.

Ussher meinte, Salomon habe seinen Tempel zur Halbzeit, also nach 3000 Jahren vollendet und Jesus müsse ge-

nau tausend Jahre später, also 4000 a. m. erschienen sein
(a. m. heißt *Annus Mundi* oder »Jahr der Welt«). Außerdem war Ussher ein Anhänger der mittelalterlichen
Typentheorie, wonach jede Geschichte des Neuen Testaments eine symbolische Wiederholung eines Ereignisses
aus dem Alten Testament darstellte – demnach bildeten
die sechstausend Jahre der Zeit zwei große, übereinstim-
mende Zyklen, und das Ende des zweiten kennzeichnete
das Ende des normalen Weltenlaufes sowie den Beginn
des tausendjährigen Reiches. Heute mögen uns die Ver-
gleichsgrundlagen weit hergeholt oder sogar lächerlich
erscheinen, aber Maria, die mit Jesus schwanger war,
diente als Typus für den brennenden Dornenstrauch bei
Mose – denn beide trugen das Feuer Gottes in sich und
wurden doch nicht von ihm verzehrt. Und die Auferstehung Jesu war die Wiederholung der Befreiung Jonas aus
dem Bauch des Wals – denn beide wurden in Tod und
Dunkelheit begraben, kamen aber am dritten Tage wieder aus ihren Gräbern hervor. Für Ussher war die Geburt
Jesu der Typus für die Vollendung des Tempels – die Einführung der alten und der neuen Ordnung. Ein numerisch ordentlicher Gott, der sich in einem Zeitrahmen
von sechstausend Jahren betätigte, würde diese beiden
Ereignisse sicher an zwei aufeinanderfolgenden Jahrtau-
send-Kreuzwegen plazieren, so daß sie durch genau tausend Jahre getrennt wären.

Viertausend Jahre mußten also zwischen Schöpfung
und Jesu Geburt vergehen, denn er erschien genau im

Annus Mundi 4000 auf der Welt. Aber das häßliche kleine Problem mit Herodes' Tod hatte Gottes elegante Zeitrechnung im Vergleich zu dem offiziellen v.-Chr.-n.-Chr.-System, das den weltlichen Kalender bestimmte, um vier Jahre aus dem Takt gebracht. Nach unserem fehlerhaften Kalender wurde Jesus also 4 v. Chr. geboren, und die Welt – die zwangsläufig genau viertausend Jahre vorher erschaffen worden sein mußte – begann 4004 v. Chr. Ussher schrieb (ich zitiere aus meinem eigenen Exemplar seines fesselnden Buches):

> Die wahre Geburt des Erlösers ereignete sich volle vier Jahre vor dem Beginn der gewöhnlichen christlichen Zeitrechnung, was sich am Tode des Herodes nachweisen läßt. Denn unseren Berechnungen zufolge wurde der Bau des Tempels Salomos im Jahre der Welt 3000 vollendet, und im Jahre der Welt 4000, da die Tage erfüllt waren und die heilige Jungfrau und Mutter Gottes, Christus selbst zur Welt bringen sollte (wofür der Tempel ein Typus war), wurde er Fleisch und erschien zum ersten Male den Menschen: Worauf wir nun dem christlichen Zeitalter vier Jahre hinzufügen und ebenso viele von den Jahren zuvor hinwegnehmen, um anstelle des Gemeinen und Volkstümlichen zur wahren, natürlichen Epoche der Geburt Christi zu gelangen.

Usshers großer Folioband verkörpert gewaltige Rechenarbeit und Gelehrsamkeit (die auch Kenntnisse des Lateinischen, Griechischen und Hebräischen erforderte). Man kann sich nicht einfach an einem regnerischen Nachmittag hinsetzen und die Stammbäume der Bibel nachzählen, denn dort gibt es überall Lücken und Zweideutigkeiten, und unvollständig sind die Aufzeichnungen ohnehin – die Chronologie des Alten Testaments endet bei Esra und Nehemia im 5. Jahrhundert v. Chr., und das Neue Testament nimmt sie erst mit der Geburt Jesu wieder auf. Man muß also neben den Berichten der Bibel auch historische Schriften aus anderen Kulturen heranziehen (insbesondere aus Babylon, denn biblische und babylonische Berichte lassen sich für die Zeit der Gefangenschaft der Juden zur Übereinstimmung bringen), dann vorwärts in die römische Geschichte eintreten und schließlich wieder auf das Neue Testament zurückgreifen.

Nun könnte man hartherzig sein und unterstellen, daß alle Arbeit Usshers sich zu nicht mehr summiert als zu einem raffinierten, gelehrten Nebelvorhang für eine vorgefaßte Meinung. Ussher »wußte«, daß die Erde genau sechstausend Jahre alt sein mußte und daß Jesu im *Annus Mundi* 4000 geboren wurde – schob er also die Daten nicht einfach so lange hin und her, bis das »richtige« Ergebnis herauskam? Vielleicht, aber ich glaube es nicht – oder zumindest bin ich sicher, daß Ussher mit ehrenwerten Absichten und Methoden vorging (auch wenn seine Vorurteile sich auf seine Verfahrensweisen auswirkten, ohne daß er es wußte). Jeder Gelehrte muß zu Anfang eine Theorie im Kopf haben und sich dann darum bemühen, die ursprüngliche Ansicht zu überprüfen – und, wenn nötig, zu verwerfen. Ussher wußte, was er wollte, und zu Beginn hatte er keine Gewähr, daß die Befunde seinem Wunsch entsprechen würden.

Ich will fair sein mit den Zynikern, die darauf hinweisen, wie unplausibel es ist, wenn echte Daten so genau zu einer zugegebenermaßen unsinnigen, auffallend falschen Theorie passen: Ussher muß alle Lücken und Zweideutigkeiten zu seinen Gunsten frisiert haben. Die Daten enthalten genügend »Spielraum«, genügend fehlende Abschnitte, wo der Gelehrte eine Lücke überbrücken muß, so daß man viele Freiheiten hat, um die Informationen den Erwartungen entsprechend zurechtzubiegen. Aber die gleichen Daten setzen einer lebhaften Phantasie auch enge Grenzen. Die tatsächlichen Kenntnisse müssen den viertausend Jahren zwischen der Schöpfung in einer wörtlich genommenen Bibel (wo die Tage in Gottes erster Arbeitswoche nicht mehr als 24 Stunden hatten) und der Geburt Jesu verdammt nahe kommen. Hätten sich die angegebenen Lebenszeiten der Vorväter und die Regierungszeiten der Könige zu zehntausend oder zweitausend Jahren addiert, wäre das ganze Unternehmen gescheitert, und wer dann immer noch »wußte«, wann die Welt enden mußte, hätte ein System allegorischer Gedankengänge erfinden müssen. Seien wir also nett zu Ussher und ehren wir seine beträchtlichen Mühen! Ich habe keinen Zweifel, daß er alle fragwürdigen Punkte zu seinen Gunsten auslegte, aber er zählte, arbeitete, las und überlegte tatsächlich, und das Jahr um Jahr.

Die Welt mußte also im *Annus Mundi* 6000 zu Ende sein, genau 2000 Jahre nach der Geburt Jesu, und dann würde das tausendjährige Reich beginnen. Nun ja, das Jahr 2000 steht vor der Tür, also sollten wir uns vielleicht darauf vorbereiten und lernen, wie man mit den Zähnen knirscht, und vielleicht sollten wir auch einen wirklich guten (und nicht krebserregenden) Asbestersatz für Feuer und Schwefel finden, die uns bevorstehen. Aber Moment mal. Jesus wurde 4 v. Chr. geboren – das *Annus Mundi* 6000 ist also bereits gekommen und – nach Usshers Zeit-tafel genau am 23. Oktober 1996 – wieder gegangen. Was ist geschehen?

Nun, an diesem Datum sickerte tatsächlich etwas sehr Aufschlußreiches durch. George Burns sagte einmal mit unzweifelhafter Berechtigung, der Sieg der New York Mets in der Baseball-World Series stelle das erste unzwei-felhafte Wunder dar, seit das Rote Meer sich teilte. Wenn also Gott mit seiner volkstümlichen Seite uns seine Si-gnale heute durch entscheidende Ereignisse in unserer Volkskultur zukommen läßt, war der 23. Oktober 1996 tatsächlich der Tag eines auffälligen Wunders. Die New York Yankees, die in der World Series gegen die starken Atlanta Braves mit 2 zu 1 Spielen gefährlich weit zurück-lagen, waren mit sechs zu drei hoffnungslos im Hinter-treffen, und im achten Inning des entscheidenden vier-ten Spiels waren nur noch fünf Outs übrig – mit einem weiteren Punktverlust und dem so entstandenen Rück-stand von 3 zu 1 wäre ihr Schicksal besiegelt gewesen. Aber in einem der wundersamsten, unwahrscheinlichsten Comebacks der Sportgeschichte gewannen die Yankees das Spiel. Unter der höchst vernünftigen Annahme, daß Gott ein Fan der Yankees (und zugleich eine freundliche, unergründliche Gestalt) ist, dürfte Er das *Annus Mundi* 6000 dazu benutzt haben, ein Zeichen zu geben und uns zu ernsthafter Vorbereitung zu veranlassen, bevor Er keine Ausreden für weitere Verzögerungen mehr hat und vor dem normalen Erdentreiben endgültig den letzten Vorhang fallen lassen muß.

Aber noch ein letztes Mal: einen Augenblick! Wie sich im nächsten Abschnitt herausstellen wird, war der 23. Oktober 1996 überhaupt nicht das *Annus Mundi* 6000! Dionysius Exiguus, jener penetrante Mönch aus dem sechsten Jahrhundert, der auch den Schnitzer mit den vier Jahren bei Jesu Geburt beging, machte bei der Einrichtung des v.-Chr.-n.-Chr.-Systems noch einen anderen verhängnisvollen Fehler: Er baute in die Zeitenwende kein Jahr Null ein – wie wir noch sehen werden, ein Grund für die Dauerdebatte um die Frage, ob ein Jahrhundert mit dem Jahr 00 oder dem Jahr 01 beginnt und ob das neue Jahrtausend nun 2000 oder 2001 anfängt. Dank dieses fehlenden Jahres war das *Annus Mundi* 6000 nach Usshers Zeittafel am 23. Oktober 1997 vollendet!

Ui! Ich schreibe dieses Kapitel im Januar 1997 – also habe ich noch ein wenig Zeit, um mich bereit zu machen (ich passe besser auf, und setz' nicht noch eins drauf!). Deshalb, liebe Leser, beenden wir das vorliegende Kapitel mit einer Wiederholung der klassischen Weltuntergangsprüfung, die sich als Thema durch diese Seiten und durch die ganze abendländische Geschichte zieht. Dieses Buch wird das Erscheinungsdatum September 1999 tragen. Aber wenn die Theorie vom *Annus Mundi* 6000 stimmt und wenn Ussher seine Zeittafel richtig aufgestellt hat, hätte die Welt am 23. Oktober 1997 untergehen müssen. Wenn Sie also dieses Buch lesen – und ich hoffe inständig, daß Sie es tun –, ist der prophezeite Weltuntergang wieder einmal nicht eingetreten. Die einzige Gesetzmäßigkeit, die sich im Laufe der Zeitalter immer wiederholt – das Ausbleiben einer vorhergesagten Apokalypse –, hat wieder einmal mitgespielt und unserem Geist die Befriedigung verschafft, daß wir die Ordnung der Welt kennen können. Gott muß in Seinem Himmel sein – und mit der Welt ist anscheinend alles in Ordnung!

WANN?

Dionys' dämliche Dünnbrett-Debatte
(DDDD = 2000)

Im Jahr 1697, an dem Tag, der für die Buße wegen der Fehlurteile in den Hexenprozessen von Salem vorgesehen war, stand Samuel Sewall aus Boston schweigend in der alten South Church, während der Geistliche das Bekenntnis seines Irrtums lauthals der Öffentlichkeit vorlas. Von allen Richtern der fälschlich angeklagten »Hexen« von Salem hatte er als einziger den Mut gehabt, sich diesem öffentlichen Spießrutenlaufen zu unterziehen. Vier Jahre später machte derselbe Samuel Sewall einen fast fröhlichen Lärm zu Ehren des Herrn – und das in einem besonders zukunftsträchtigen Augenblick. Er engagierte vier Trompeter, um bei Tagesanbruch, wie er schrieb, »die Ankuft des 18. Jahrhunderts« auf dem Boston Common mit lautem Getöse anzukündigen. Außerdem bezahlte er den städtischen Ausrufer dafür, daß dieser seine »Verse auf das neue Jahrhundert« vortrug. Besonders pikant erscheinen uns heute die Eröffnungsstrophen – die erste wegen ihrer Wichtigkeit (ich schreibe dieses Kapitel in Boston an einem trüben Wintertag bei einer Außentemperatur von −19° Celsius), die zweite wegen einer überholten Altväterlichkeit, die das Bewunderswerte und

zugleich auch das Zweifelhafte in unserer Geschichte
deutlich macht:

> *Und wieder! Unser Gott, erbarme dich,*
> *Laß uns nicht frieren fürchterlich.*
> *Mach' schnell mit Deiner Helligkeit,*
> *Und nimm von uns die Dunkelheit.*
>
> *Gib den Indianern Augen, daß sie sehen*
> *Das Lebenslicht, laß' sie in Freiheit gehen.*
> *Mögen die Menschen nun den Christengott erkennen*
> *Und keine Götzen mehr ihr eigen nennen.*

Ich schneide das Thema hier nicht an, um dem guten
Richter seinen tragischen Fehler vorzuwerfen oder um
seinen lobenswerten Mut zu rühmen, sondern wegen
eines anderen Aspekts der Geschichte; er mag nur am
Rande mit Sewalls Absichten zu tun haben, aber da wir
uns jetzt der Jahrtausendwende nähern, die den krönen-
den Abschluß unseres Jahrzehnts bildet, erlangt er große
Bedeutung. Sewall heuerte seine Trompeter nicht am
1. Januar 1700 an, sondern am 1. Januar 1701 – und damit
traf er eine eindeutige Entscheidung in einer Diskussion,
die im Vorfeld des neuen Jahrhunderts aufgeflammt war
und seither bei jedem ähnlichen Übergang an Heftigkeit
zugenommen hat (mehr darüber in meiner wichtigsten
Quelle für diesen Abschnitt, der hervorragend detaillier-
ten Geschichte der Jahrhundertwenden: *Zeitenwende –
Weltenende?* von Hillel Schwartz). Wann endet ein Jahr-

hundert? Am Ende der Jahre mit den Endziffern 99 (wie das allgemeine Gespür nahelegt) oder mit der Vollendung des Jahres 00 (wie die enggefaßte Logik eines bestimmten Systems es verlangt)?

Diese Debatte wird heute heftiger geführt als je zuvor, und das aus zwei naheliegenden Gründen. Erstens – verdammte Boshaftigkeit – bieten unsere zerrissene Zeit und unsere blühende Presse wesentlich bessere Gelegenheiten, solche Narreteien bis zum Erbrechen durchzuspielen; schwelgen wir nicht in Nebensächlichkeiten, um uns von den wirklich schicksalsschweren Themen abzulenken, die uns umgeben? Und zweitens ist unsere heutige Zeit nun wirklich das Nonplusultra: Sie bietet die Jahrtausendwende, das große, unzweifelhaft einzigartige Ereignis für jeden lebenden Beobachter (auch wenn ein paar Bäume und vielleicht auch ein oder zwei Pilze, aber kein einziges Tier vor dem Jahr 1000 geboren wurden und es demnach schon einmal erlebt haben).

Am 26. Dezember 1993 brachte die *New York Times* einen Bericht, in dem sie den weihnachtlichen Kaufrausch zu Grabe trug und das neue Jahr willkommen hieß. Der Artikel – er handelte vom Kommerz, der zur Jahrhundertwende einen Gang zulegt – begann mit der Feststellung: »Mit der Jahrtausendwende läßt sich Geld verdienen … im Jahr 999 nahmen die Gefühle der Schwermut überhand. Was den Weltuntergangspropheten damals noch fehlte, war der Instinkt für die Massenvermarktung.« In diesem Jahrtausend ist der Sturzbach des Kommerz be-

Luca Signorelli, *Verdammte in der Hölle* (1499–1500). Fresko.

reits losgebrochen: Er tritt zutage in Zeitschriften, Terminkalendern, den unvermeidlichen Kaffeebechern und T-Shirts sowie der ganzen Skala sonstiger Produkte von New-Age-Exzentrikern über hartgesottene Weltuntergangsvisionäre an den Rändern des Christentums bis hin zu einer Menge ganz normaler Menschen, die einfach schnell etwas Geld machen wollen. Der Artikel berichtete sogar über eine Beraterfirma, die ausdrücklich zu dem Zweck gegründet wurde, anderen bei der Vermarktung der Jahrtausendwende zu helfen – wir werden also bereits Zeugen jener fraktalen Selbstähnlichkeit, die man als Meta-Profitdenken bezeichnen könnte, oder auch als Kultivierung eigener Gewinne auf dem Nährboden fremder Profite.

Es tut mir wirklich leid, daß ich aus dem Mainstream etwas ausscheren muß. Ich fühle mich gezwungen, eine winzige Schwierigkeit zu erwähnen, die als Dämpfer für das allgemeine Trara wirken könnte. Wenn wir schon darauf bestehen, die Jahrtausendwende zu feiern (was wir sicher tun sollten), entscheiden wir uns besser, wann die Feier stattfinden soll. Den nun folgenden Abschnitt widme ich der Frage, warum sich dieses Problem nicht lösen läßt – eine Situation, die wir nicht als betrüblich, sondern als aufschlußreich ansehen sollten. Denn genau wie Tennyson uns gelehrt hat, daß wir die verlorene gegenüber der nie erlebten Liebe vorziehen sollten, so ist es auch besser, nicht zu wissen und zu wissen, warum man nicht wissen kann, als keine Ahnung zu haben, warum viele Menschen sich über die Frage, ob 1999 oder 2000 das letzte Jahr vor der großen Wende sei, so ereifern. Wenn man die widersprüchlichen, berechtigten und unvereinbaren Behauptungen beider Seiten begreift, kann man zumindest beide Gelegenheiten voller Gleichmut feiern – oder (mit begründeter Selbstgerechtigkeit) keine von beiden, wenn man etwas mürrischer oder selbstgefälliger Natur ist.

Als Mann von eher unterdurchschnittlicher Körpergröße kann ich entzückt berichten, daß sich der Ursprung unserer höllischen Schwierigkeiten mit dem Ende des Jahrhunderts auf das sechste Jahrhundert und einen Mönch namens Dionysius Exiguus oder (wörtlich) Dionys der Kurze zurückführen läßt. Der Kleine Dionys war angewiesen worden, für den Papst Johannes I. eine Chronologie zu verfassen, und begann mit der Zählung der Jahre, wie es üblich war, bei der Gründung Roms. Aber um seine weltlichen und geistlichen Verpflichtungen fein säuberlich ins Gleichgewicht zu bringen, unterteilte Dionys die Zeit bei der Erscheinung Christi. Er berechnete die Geburt Jesu auf den 25. Dezember des Jahres 753 a.u.c. (*ab urbe condita*, das heißt »nach der Gründung der Stadt«, und gemeint ist Rom). Einige Tage später, am 1. Januar 754 a.u.c., begann Dionysius mit der neuen Zeitrechnung – und zwar nicht mit Christi Geburt, sondern mit dem Fest der Beschneidung an seinem achten Lebenstag, der – was kein Zufall war – im römischen wie im christlichen Kalender der Neujahrstag ist.

Das Vermächtnis des Dionysius machte eigentlich immer nur Ärger. Erstens hatte er, wie ich im Teil 1 genauer erläutert habe, noch nicht einmal mit dem Datum recht, denn Herodes starb 750 a. u. c. Wenn sich also die Lebenszeiten von Jesus und Herodes überschneiden (und wenn das nicht der Fall wäre, müßte man die Evangelien tiefgreifend umschreiben), muß Jesus 4 v. Chr. oder noch früher geboren sein – was dem Namengeber unserer Zeitrechnung mehrere Jahre vor dem Beginn seines eigenen Zeitalters verschaffte!

(Ich für mein Teil bin jedenfalls begeistert von dem Widerspruch, daß Christus vier Jahre vor Christus geboren wurde. Aus verschiedenen Gründen, darunter die Auflösung dieses Paradoxons und der Wunsch nach stärkerer Integration in einer vielfältigen Welt mit einer Menge Nichtchristen, hat der Begriff »v. Chr.« in letzter Zeit an Beliebtheit eingebüßt. Manche englischssprachigen Quellen benutzen heute die Abkürzung B.C.E. für *before the Christian Era* [»vor der christlichen Zeitrechnung«], wenn sie den Widerspruch tiefer hängen wollen, oder für *before the common era* [»vor der üblichen Zeitrechnung«], wenn es ihnen um Integration geht.* Naturwissenschaftler, die an der Wende von v. Chr. zu n. Chr. absolut nichts Besonderes erkennen können, neigen zu der Abkürzung B. P. für *before present* [»vor der Gegenwart«], beispielsweise wenn sie die ältesten steinzeit-

---

* In der DDR war die Abkürzung v. u. Z. (vor unserer Zeitrechnung) weit verbreitet (Anm. d. Übers.).

lichen Höhlenmalereien in Chauvet [Frankreich] mit der Radiokarbonmethode auf 32 410 B.P. datieren – eine gute Methode, um der anachronistischen Bedeutungslosigkeit der Geburt Jesu für einen frühen Höhlenkünstler Rechnung zu tragen; gleichzeitig ergibt sich daraus aber der Nachteil, daß die Gegenwart jedes Jahr um ein Jahr weiterrückt, so daß man ein Datum B.P. nur dann interpretieren kann, wenn man das Erscheinungsjahr der Quelle kennt. Gott [und Jesus] bewahre, wenn man eine Menge Daten B.P. aus Veröffentlichungen mit weit auseinanderliegenden Erscheinungsjahren hat und alle auf einen gemeinsamen Bezugspunkt vereinheitlichen muß!)

Aber Dionys' falsche Datierung Jesu ist nur eine Petitesse im Vergleich zu den Folgen seiner zweiten Fehlentscheidung. Er ließ die Zeit am 1. Januar 754 a.u.c. neu beginnen – und bezeichnete dieses Datum als Jahr 1 A.D. (*Anno domini* oder »im Jahr des Herrn«) – und nicht als Jahr 0 (was uns, rückblickend gesehen, eine Menge Ärger erspart hätte!). Kurz gesagt, versäumte es Dionys, die Zeitrechnung bei Null zu beginnen, womit er alle unsere normalen Vorstellungen vom Zählen über den Haufen warf. In dem Jahr, als Jesus ein Jahr alt wurde, war die Zeitrechnung, die angeblich mit seiner Geburt begann, schon zwei Jahre alt. (Babys sind bis zu ihrem ersten Geburtstag null Jahre alt; die moderne Zeitrechnung war bei ihrem Beginn bereits ein Jahr alt.)

Wir sollten aber nicht übermäßig streng mit dem armen Dionys sein – sein (im Rückblick) höchst unbequemer

Fehler war nicht zu vermeiden, und mit Sicherheit kann man ihm deshalb keine Gardinenpredigt halten (selbst wenn es in den Mönchszellen Gardinen gegeben hätte, die metaphorische Schuldzuweisungen hätten abhalten können). In der abendländischen Mathematik des sechsten Jahrhunderts hatte man den Begriff der Null als geeigneten Platzhalter für Dionys' Zeitenwende noch nicht entwickelt. Die Ägypter hatten sich der Null bedient, aber nur sporadisch und auf uneinheitliche Weise. In China gab es für die Null nicht ausdrücklich eine Ziffer, aber der Abakus machte den Begriff möglich. Die Maya entwickelten ein Symbol für die Null, konnten aber den Begriff in ihren Berechnungen nicht ganz systematisch anwenden (ganz abgesehen davon, daß Dionys weder von ihnen noch von der ganzen westlichen Hemisphäre eine Ahnung hatte). Hinduistische und arabische Mathematiker entwickelten einen vollständigen, praktisch anwendbaren Begriff der Null – allerdings offenbar erst Ende des achten oder Anfang des neunten Jahrhunderts –, und von ihnen übernahmen ihn die Europäer. Ironie der Geschichte: Eine andere Gestalt aus unserer Geschichte, der Jahrtausendpapst (und großartige Gelehrte) Sylvester II., der das Amt von 999 bis 1003 innehatte, wurde der wichtigste Fürsprecher der Null und unseres heutigen arabischen Zahlensystems – viel zu spät für den armen Dionys (und für ein Ende der seither herrschenden Dauerverwirrung).

Das Problem der Jahrhundertwende erwächst aus Dionys' unglückseliger, historisch allerdings unausweich-

licher Entscheidung, nicht bei null, sondern bei eins an-
zufangen – und aus keinem anderen Grund! Wenn wir
darauf bestehen, daß jedes Jahrzehnt zehn und jedes Jahrhundert hundert Jahre umfaßt, gehört das Jahr 10 zum ersten Jahrzehnt – und traurig, aber wahr: Das Jahr 100 ver-
bleibt im ersten Jahrhundert. Von nun an verläßt uns das
Thema nicht mehr. Jedes Jahr mit -00 am Ende muß als
hundertstes und letztes Jahr seines Jahrhunderts zählen,
ganz gleich, was das allgemeine Gefühl bevorzugt: 1900
bildet mit allen 1800er-Jahren das 19. Jahrhundert; und
2000 muß das Abschlußjahr des 20. Jahrhunderts sein,
nicht das Anfangsjahr des neuen Jahrtausends. Das jedenfalls schreibt die reine Logik des Systems von Dionys
vor. Hätte unser kurzsichtiger Mönch beim Jahr Null begonnen, würden Logik und Gefühl übereinstimmen;
dann könnten die Jahrtausendglocken weiterhin läuten,
und zwar nur einmal und schallend am 1. Januar 2000.
Aber er tat es nicht.

Da Logik und Gefühl hier nicht übereinstimmen, und
da beide zu Recht Einfluß auf unsere Entscheidung haben, läßt sich die große, immer wiederkehrende Debatte
um die Jahrhundertgrenze schlicht und einfach nicht beilegen. Zu manchen Fragen gibt es eine Antwort, weil die
verfügbaren Informationen eine bestimmte Schlußfolgerung erzwingen. Die Erde dreht sich um die Sonne, und
die Evolution lenkt die Geschichte des Lebens. Manche
Fragen haben keine Antworten, weil uns die notwen-
digen Informationen fehlen. (Ich bezweifle, daß wir die

Identität von Jack the Ripper jemals mit Sicherheit feststellen werden.) Aber unsere hitzigsten Diskussionen sind in vielen Fällen nicht durch irgendeine Information beizulegen, sondern sie erwachsen aus Konflikten in der Bewertung oder Methode unserer Analysen. (Sollen wir die Abtreibung zulassen, und wenn ja, unter welchen Bedingungen? Existiert Gott?) Eine Untergruppe solcher unlösbarer Fragen – sie ist letztlich trivial, kann aber große Unruhe wecken und ist deshalb die frustrierendste von allen – hat keine Antwort, weil es nicht um Dinge, sondern um Wörter und Systeme geht. Deshalb sind Phänomene in der Welt (das heißt »Dinge«) für potentielle Lösungen ohne Bedeutung. Und in diese lästige Kategorie gehört die Debatte um das Jahrhundert.

Die Logik des willkürlichen Systems von Dionys schreibt ein einziges Ergebnis vor: Die Jahrhundertwende liegt zwischen den Jahren -00 und -01. Unser gesundes Gefühl besagt das Gegenteil: Wir wollen die Jahrhundertwende mit dem Ausmaß oder der Stärke einer sinnlichen Veränderung zur Übereinstimmung bringen, und 1999 sieht gegenüber 2000 nun einmal viel unterschiedlicher aus als 2000 und 2001. Also verlegen wir unsere Jahrhundertwende auf die Veränderung aller vier Stellen und nicht auf die Zunahme von 1 in der letzten Position. (Ich bezeichne diese Seite als »gesundes Gefühl« und nicht als »gesunden Menschenverstand«, denn um sie zu unterstützen, braucht man eher ästhetisches Empfinden und Gespür anstelle logischer Überlegungen.)

Luca Signorelli, *Verdammte in der Hölle* (1499–1500), Detail.

Nun könnte man argumentieren, wir sollten als vernunftbegabte Wesen bereit sein, unsere Gefühle der Logik unterzuordnen; aber wir sind ebensosehr auch Gefühlswesen, und deshalb nahm die Debatte kein Ende. Hillel Schwartz zum Beispiel zitiert zwei Leserbriefe an Zeitungen, die 1900 von seiten des »gesunden Gefühls« kamen: »Ich wehre mich gegen den fanatischen Rigorismus, mit dem man seiner Begeisterung für das Jahr 1901 Ausdruck verlieh, wo wir doch dann bereits zwölf Monate Erfahrung mit den 1900ern hinter uns haben.« »Die Jahrhundertzahl ist ein Symbol, das einzige Symbol der Jahrhunderte. Einmal alle hundert Jahre gibt es einen Wechsel des Symbols, und dieses große Jahrhundertereignis ist erstaunlich prominent. Was also ist natürlicher, als daß man das Jahrhundert mit seinem einzigen sichtbaren Zeichen harmonieren läßt...« Da diese starken Formulierungen noch aus der Zeit vor der Erfindung des Auto-Kilometerzählers stammen, können wir die derzeitige Vorliebe für das Jahr 2000 nicht auf die Vorrichtung zurückführen, die heute am offensichtlichsten unsere Aufmerksamkeit auf die numerische Seite der Jahrtausendwende lenkt. (Mein Vater fuhr einmal mit meinem Bruder und mir spätabends zehn Meilen weit rund um Flushing – nur so konnten wir sehen, wie der Wegstreckenzähler von 9999 auf 10 000 wechselte –, statt sich die Freude am nächsten Morgen auf seinem einsamen Weg ins Büro zu machen. Ich wette, die Hälfte der Leser dieses Kapitels könnten über ein ähnliches Erlebnis berichten.)

Ich liebe die Schwächen der Menschen; was sonst kann uns in dieser unserer harten Welt zum Lachen bringen (und lachen müssen wir)? Je trivialer und unlösbarer eine Frage ist, desto größer wird auf beiden Seiten die Hitze des Gefechts und die Sicherheit, ganz und gar recht zu haben. Alle hundert Jahre erhebt sich das gleiche Geschrei. Ein englischer Mitstreiter der Debatte um 1800 oder 1801 schrieb über »die nichtsnutzige Auseinandersetzung hinsichtlich des Beginns unseres Jahrhunderts, die in jüngster Zeit so viele Gehirne in Krämpfe versetzt hat«. Am 1. Januar 1801 kündigte ein Gedicht im *Courant* in Connecticut eine Heimsuchung für beide Parteien an (wobei es aber Partei für Dionys ergriff):

Genau um zwölf Uhr letzte Nacht
War das Jahrhundert nun vollbracht.
So mancher kluge Rechenkopf
Hat's Hirn gequält, die Tinte troff,
Da freut der Metaphysik Freund sich:
Einhundert, das sind neunundneunzig.
Mancher war darob höchst verwundert,
Denn nimmt er eins dazu, sind's hundert.

Die gleiche Selbstgefälligkeit zeigt sich auch ein Jahrhundert später wieder. Die *New York Times* schrieb schon 1896 vorausschauend-diplomatisch: »Da das derzeitige Jahrhundert seinem Ende entgegengeht, lauert in nicht allzu ferner Zukunft die altehrwürdige Debatte, die alle hundert Jahre wieder auflebt: Wann beginnt das nächste

Jahrhundert? ... Ohne Zweifel wird der eine behaupten, sein Anfang sei der 1. Januar 1900, und der andere wird sagen, es sei der 1. Januar 1901, und doch sind beide im Vollbesitz ihrer geistigen Kräfte.« Ein deutscher Autor merkte jedoch an: »In meinem Leben habe ich die Menschen um viele Dinge streiten sehen, aber um kaum etwas kämpften sie so fanatisch wie um die akademische Frage, wann das Jahrhundert zu Ende sei ... Jede der beiden Seiten führte für ihren Standpunkt die raffiniertesten Berechnungen an und behauptete gleichzeitig, es sei das einfachste auf der Welt, etwas, das jedes Kind verstehen könne.«

Sie fragen nach meinem Standpunkt? Nun ja, öffentlich beziehe ich natürlich nicht Position, denn wie ich gerade erläutert habe, ist die Frage nicht zu lösen: Beide Seiten haben innerhalb der Grenzen ihrer unterschiedlichen, aber ganz und gar vertretbaren Systeme völlig schlüssige Argumente. Aber privat, ganz unter uns, lassen Sie es mich so formulieren: Ich kenne einen geistig behinderten jungen Mann, der zufällig auch ein Wunderkind in Sachen Wochentags-Datums-Berechnung ist. (Er kann für jedes Datum, Tausende von Jahren in die Vergangenheit oder Zukunft, wie aus der Pistole geschossen den Wochentag angeben – siehe Teil 3.) Die Debatte um das Jahrhundert ist ihm geläufig, denn für ihn gibt es kaum etwas Interessanteres. Kürzlich fragte ich ihn, ob das Jahrtausend nun 2000 oder 2001 beginne – und ohne zu zögern erwiderte er: »Im Jahr 2000. Das erste Jahrzehnt hatte nur neun Jahre.«

Michelangelo, *Das Jüngste Gericht* (1536–1541), Detail.

Eine elegante Lösung, und warum eigentlich nicht? Immerhin hatte keiner der damals lebenden Menschen eine Ahnung, ob er sich im Jahr 0 oder im Jahr 1 abmühte – oder ob das erste Jahrzehnt neun oder zehn Jahre hatte, oder das erste Jahrhundert 99 oder 100. Das v.-Chr.-n.-Chr.-System wurde erst im sechsten Jahrhundert erfunden und erst noch viel später in Europa allgemein anerkannt. Warum behaupten wir also nicht einfach, das erste Jahrhundert habe aus 99 Jahren bestanden – wo doch keine Menschenseele, die damals lebte, sich um jenen Anachronismus kümmerte, der sich später über ihren Lebensjahren auftürmen würde? Dann können die Jahrhunderte wechseln, wenn das gesunde Gefühl es verlangt, und wir unterstreichen Dionys' gesegnete Willkürlichkeit mit einer Laune, unserem eigenen Trick, der die streitenden Lager vereinigt. Schön und gut, nur glaube ich, die Menschen möchten gern über unlösbare Trivialitäten streiten – solange man sie nicht zwingt, ihre überschäumende Energie in wirkliche Schlachten zu investieren, in denen sie jemanden umbringen können.

Was können wir sonst noch verwerten, wenn wir die Geschichte einer Diskussion ohne Antwort wiederkäuen? Ironischerweise beinhalten solche Debatten die Möglichkeit einer wertvollen soziologischen Erkenntnis: Da sich weder aus den Tatsachen der Natur noch aus den inneren Notwendigkeiten der menschlichen Logik eine Antwort ableiten läßt, spiegeln die sich wandelnden Ansichten den »reinen« Verlauf der Entwicklung menschlicher Einstellungen wider – und deshalb können wir gesellschaftliche Trends nachzeichnen, ohne daß uns so verwirrende Faktoren wie die eindeutige Wahrheit behindern.

Eigentlich hatte ich vor, nur ein paar Stunden in die Recherchen zu diesem Thema zu stecken, aber als ich in Schriftstücken aus der Zeit der Jahrhundertwenden nachsah, fiel mir in diesem gesellschaftlichen Bereich etwas Interessantes auf. Die beiden Standpunkte – ich habe sie in diesem Kapitel bisher als »logisch« und »gesundes Gefühl« bezeichnet – stehen auch in einer eindeutigen gesellschaftlichen Beziehung, mit der ich nicht gerechnet hatte. Der logische Standpunkt – daß Jahrhunderte aus hundert Jahren bestehen müssen und daß die Jahrhundertwende demnach, da Dionys bei 1 und nicht bei 0 zu zählen anfing, zwischen den Jahren –00 und –01 stattfindet – wurde immer deutlich überwiegend von Gelehrten und Mächtigen (insbesondere in Presse und Wirtschaft) vertreten, also von denen, die eine sogenannte »höhere Bildung« besaßen. Die Position des gesunden Gefühls – daß wir der größtmöglichen Veränderung von 99 zu 00 Rechnung tragen müssen und uns nicht allzusehr mit Dionys' mangelnder Weitsicht aufhalten sollten – war dagegen stets die Lieblingsmeinung jenes mythischen Mischwesens, das als Otto Normalverbraucher oder »Mann auf der Straße« bezeichnet wurde und heute auch »volkstümliche Kultur« oder »Popkultur« heißt.

Dieser Unterschied geht bis auf die ersten Anfänge der

ständig wiederkehrenden Debatte über die Jahrhundert-wende zurück. Hillel Schwartz macht den ersten großen Hickhack zur Jahrhundertwende 1699–1701 aus (legen Sie den Augenblick fest, wie Sie wollen), jenes Ereignis, das in Boston den Anlaß zu Samuel Sewalls Trompeten-stößen gab. Interessanterweise konzentrierte sich die Diskussion dann teilweise auf eine Frage, die uns seither immer wieder verfolgt hat: Begann mit der Jahrtausend-wende von 999–1001 eine Phase der Angst vor dem be-vorstehenden Weltuntergang?

Mit diesem Thema habe ich mich im Teil I ausführlich beschäftigt; hier möchte ich nur darauf hinweisen, daß die erste veröffentlichte Behauptung über panisches Ent-setzen, ein Werk von Kardinal Cesare Baronio aus dem 16. Jahrhundert, sich auch mit dem großen Thema des Endes von Jahrhunderten befaßte – und diese Schrift von zweifellos hohem kulturellem Wert sprach sich für das Ende des Jahres 1000 als Zeitpunkt für Weltuntergangser-wartungen aus, während die meisten volkstümlichen Schriften sich immer um das Ende 999 gedreht hatten. Ob also durch Anachronismus oder unmittelbare Zeu-genschaft – die Debatte hatten wir schon immer. Hillel Schwartz schreibt:

> Seit den 1690er Jahren werden sarkastische, bittere, zuweilen leidenschaftliche Debatten zum Thema »Silvester '99 versus Silvester '00« als Schlußpunkt eines Jahrhunderts beziehungs-weise Jahrtausends geführt und Verwirrung breitete sich aus über die Mathematik der Berechnung des tausendsten Jahres.

Für Baronio und seine (spärlichen) mittelalterlichen Quellen konzentrierten sich die hitzigen Erregungen über das Jahrtausend noch auf das Ende des Jahres 1000, während seither das Ende des Jahres 999 in der Legende von der panischen Angst eine herausragende Rolle spielte.

Seither ging es immer nach dem gleichen Prinzip: Die Debatte blühte nach 1690 auf, verbreitete sich nach 1790 mit den Zeitungen von Philadelphia und London als wichtigen Zentren (und mit der zusätzlichen Pikanterie, daß Amerika gerade Ende 1799 den Tod von George Washington zu beklagen hatte), und brach nach 1890 mit heftigen Diskussionen über die ganze Welt herein.

In der Version vom Ende des 19. Jahrhunderts erkennt man am deutlichsten die Trennung zwischen »gehobener« und »volkstümlicher« Kultur. Einige wenige Quellen der gehobenen Kultur stellten sich zwar tatsächlich hinter den Vorreiter der Volkstümlichen Alternative 1899–1900. Der deutsche Kaiser Wilhelm II. erklärte offiziell, das 20. Jahrhundert habe am 1. Januar 1900 begonnen. Ein paar Fürsten der Gelehrsamkeit, darunter so seltsame Verbündete wie Sigmund Freud und Lord Kelvin, pflichteten ihm bei. Aber in ihrer überwältigenden Mehrheit bevorzugten die Vertreter der gehobenen Kultur die dionysische Zwangsläufigkeit 1900–1901. Wie sich in einer peinlich genauen Umfrage zeigte, bevorzugten die Präsidenten der Universitäten Harvard, Yale, Princeton, Cornell, Columbia, Dartmouth, Brown und Pennsylvania einmütig 1900–1901 – und wen kümmerte schon ein Kaiser, wo doch die ganze amerikanische Wissenschaftsprominenz so unverbrüchlich hinter Dionys stand?

Jedenfalls war 1900–1901 in den beiden wirklich wichtigen Arenen der eindeutige Gewinner. Praktisch alle wichtigen öffentlichen Feiern zum Beginn des neuen Jahrhunderts in der ganzen Welt (auch in Deutschland) fanden in der Nacht vom 31. Dezember 1900 zum 1. Januar 1901 statt. Auch fast alle großen Zeitungen und Zeitschriften hießen das Jahrhundert in ihrer Ausgabe vom 1. Januar 1901 willkommen. Als ich eine Untersuchung der wichtigsten Quellen anstellte, fand ich keine Ausnahmen. *The Nineteenth Century*, eine führende britische Zeitschrift, änderte ihren Namen in *The Nineteenth Century and After* – aber erst mit der Ausgabe vom Januar 1901; diese zeigte auch ein neues Logo mit dem doppelgesichtigen Janus: Ein alter, bärtiger Mann blickt nach unten links ins neunzehnte Jahrhundert, während ein hübscher Jüngling nach rechts ins zwanzigste schaut. So verläßliche Werke wie *The Farmer's Almanack* und *The Tribune Almanac* bezeichneten ihre Bände von 1901 als »erste Nummer des zwanzigsten Jahrhunderts«. Ein Artikel in der *New York Times* vom 31. Dezember 1899 begann mit der Feststellung: »Morgen treten wir in das letzte Jahr eines Jahrhunderts ein, das in allem, was mit dem Wohlergehen und der Aufklärung der Menschheit zu tun hat, von größeren Fortschritten gekennzeichnet ist als die gesamte frühere Geschichte unseres Geschlechts.« Ein Jahr und einen Tag später, am 1. Januar 1901, verkündete die

THE

NINETEENTH

CENTURY

AND AFTER

XIX-  -XX

A MONTHLY REVIEW

EDITED BY JAMES KNOWLES

VOL. XLIX

JANUARY—JUNE 1901

LONDON
SAMPSON LOW, MARSTON & COMPANY
(LIMITED)
St. Dunstan's House
FETTER LANE, FLEET STREET, E.C.
1901

Titelblatt des Magazins *The Nineteenth Century and After: A Monthly Review* (1901).

Titelblatt des *Tribune Almanac and Political Register* (1901).

Schlagzeile den »Triumphalen Einzug des zwanzigsten Jahrhunderts«, und dann wurde über die Feiern in New York berichtet: »Die Lichter blinkten, die Menge sang, die Sirenen der Schiffe im Hafen heulten und dröhnten, Glocken läuteten, Sprengkörper donnerten, Raketen stiegen in den Himmel, und das neue Jahrhundert hielt triumphierend Einzug.« Zur gleichen Zeit kam die arme Carry Nation nicht dazu, sich das Feuerwerk anzusehen oder auch nur das Glas zu erheben, denn auf der gleichen Seite hieß es in einem kleinen Artikel: »Mrs. Nation unter Quarantäne – Pocken im Gefängnis des Saloon-Zerstörers von Kansas – sie sagt, sie kann es aushalten.«

Beim letzten Mal hatte also die gehobene Kultur noch die Meinungsführerschaft – selbst in Organen der volkstümlichen Kultur wie dem *Farmer's Almanack*, deren Herausgeber sich selbst zweifellos für Angehörige der Elite hielten. Aber betrachten wir einmal den Unterschied, wo wir uns jetzt der Jahrtausendwende nähern – denn wer wollte daran zweifeln, daß bei dieser wichtigsten aller Wiederholungen die Volkskultur die Oberhand behalten wird? Ja, sicher, die »offiziellen« Quellen der dahinschwindenden Reinheit in der gehobenen Kultur werden den gewohnten Lärm veranstalten. Während ich dieses Kapitel überarbeitete, las ich in der *New York Times* vom 8. Dezember 1996 sogar folgende Schlagzeile: »Wann beginnt das Jahrtausend? British Observatory bezieht Standpunkt«. Der Bericht räumt ein, die volkstümliche Kultur habe diesmal vollendete Tatsachen geschaffen:

Wenn die Uhren am 31. Dezember 1999 Mitternacht schlagen, werden Milliarden Menschen auf der ganzen Welt das Heraufdämmern des neuen Jahrtausends feiern – ein Jahr zu früh, so meinen manche Experten. Wenn der Sekt fließt und Küsse den Beginn des neuen Zeitalters signalisieren, so ihre Ansicht, heißen die Feiernden in Wirklichkeit das letzte Jahr des alten Jahrtausends willkommen.

Dann berichtet die *New York Times*, das Royal Greenwich Observatory, die offiziellste aller denkbaren Quellen – jener goldene Standard, der seinen Willen in früheren Jahrhunderten leicht hätte durchsetzen können – habe sich für die ständige Vorliebe der gehobenen Kultur, die unpopuläre Lösung von Dionysius Exiguus, in die Bresche geworfen: »Das neue Jahrtausend beginnt am 1. Januar 2001 – und nicht im Jahr 2000, so die Wissenschaftler des Royal Greenwich Observatory im englischen Cambridge.«

Aber die Zeiten haben sich geändert, und die *Times* erklärt schnell, warum die Lösung der gehobenen Kultur aus Greenwich sich nicht durchsetzen kann. Erstens hat niemand für unsere ganze dezentralisierte Welt das Sagen:

Das Observatorium ist nicht nur nicht mehr in Greenwich, es ist auch nicht mehr der Zeitgeber der Welt. Die »koordinierte Weltzeit«, die von etwa 150 Atomuhren rund um die Erde gemessen wird, hat die Zeit von Greenwich als Standard abgelöst.

Zweitens lassen sich die Vorlieben der volkstümlichen Kultur nicht mehr übergehen. Selbst das einst so mächtige Greenwich wurde auf ein kraftloses Trara zurückgestutzt. Der Artikel in der *Times* fährt fort:

Das Jahr 2000 »wird sicher gefeiert werden, wie es für ein Jahr mit einer runden Zahl ganz natürlich ist«, heißt es in einer Erklärung des Observatoriums. »Aber genaugenommen feiern wir das 2000. Jahr, oder das letzte Jahr des alten Jahrtausends, und nicht das erste des neuen.«

Stimmt genau, aber die volkstümliche Kultur, ausgerüstet diesmal mit der unbezwingbaren Autorität neuer gesellschaftlicher Beziehungen, wird sich einen Kehricht um das englische Geschwätz kümmern. Vorsicht: Die alljährliche (oder eigentlich alljahrhundertliche) Diskussion ist wieder im Gang! In der *Times* vom 12. Dezember erschienen zwei Leserbriefe: Der eine verkündete mit gelangweilter Sorglosigkeit, es sei ohnehin alles vorüber, weil seit der Geburt Christi mehr als 2000 Jahre vergangen seien; der andere erwiderte der alten Garde aus Greenwich voller Spott und Streitlust:

Jetzt reicht es mit den haarspalterischen Erklärungen, warum das Jahr 2000 nicht der Beginn des neuen Jahrtausends ist. Die Mehrheit wird es dazu machen, auch wenn die Astronomen es nicht glauben wollen. Ihr Argument, daß es kein Jahr Null gibt, ist verrückt; wir können ein Jahr Null haben, wann immer wir wollen. Man kann die Reihenfolge der Jahre neu definieren als 3 v. Chr., 2 v. Chr., 1 v. Chr. *oder* 0 n. Chr., 1 n. Chr., 2 n. Chr. … Dann hat das Jahr 1 v. Chr. einfach im v.-Chr.- und im n.-Chr.-System verschiedene Namen.

Dieser Brief liefert eine weitere kluge und völlig zutreffende Begründung dafür, im Jahr 2000 zu feiern – eine liebenswürdige Lösung, ganz ähnlich wie die Überzeugung meines (zuvor zitierten) Informanten, daß das erste Jahrhundert nur 99 Jahre hatte. Wie ich immer wieder betont habe, sind bei willkürlichen Problemen ohne vorstellbare endgültige Antwort schlüssige, aber willkürliche Lösungen notwendig.

Wie dem auch sei: Wer würde daran zweifeln, daß das Jahr 2000 diesmal vor dem eigentlich entscheidenden Urteil von Kultur und Gesellschaft den Sieg davontragen wird? Arthur C. Clarke und Stanley Kubrick standen mit Buch und Film *2001* auf seiten von Dionysius, aber ansonsten fällt mir so gut wie keine Quelle ein, die nicht den Beginn des Jahres 2000 als großen Augenblick der Wende nennt. Alle Buchtitel unserer blühenden Literatur richten sich nach der volkstümlichen Kultur und der größten zahlenmäßigen Veränderung – so *Millennium: A Novel about People and Politics* von Ben Bova, *Shall We Make the Year 2000* von J. G. de Beus, *The Year 2000* von Raymond Williams und sogar *1999: Victory Without War* von Richard Nixon. Das Album und der Titelsong *1999* von Prince, Nonplusultra der Pop-Quellen, nennt ebenfalls dieses Datum.

Kulturhistoriker haben schon oft festgestellt, die Ausweitung der volkstümlichen oder »Pop«-Kultur, sowohl was die Rücksicht auf ihre Art als auch was ihren durchdringenden Einfluß angeht, sei einer der wichtigsten Trends im 20. Jahrhundert. Musiker von Benny Goodman bis Wynton Marsalis spielen ihr Instrument sowohl in Jazzbands als auch im klassischen Orchester. Die Me-

tropolitan Opera hat endlich *Porgy and Bess* gespielt – ein
großes Bravo! Und Wissenschaftler schreiben höchst gelehrte Abhandlungen über Mickymaus.

Dieser bemerkenswerte Wandel ist gut belegt und wurde vielfach diskutiert, aber das wichtige Beispiel der
großen Diskussion um die Jahrhundertwende hat man dabei bisher übergangen. Im Jahr 1900 spielte der Unterschied noch eine Rolle, und die gehobene Kultur blieb
eindeutig Sieger: Sie legte den 1. Januar 1901 als Beginn
des Jahrhunderts fest. Für das Jahrtausend jedoch kann
die volkstümliche Kultur (oder die Mischung, zu der sie
beim Eindringen in die Domänen der Entscheidungsträ-
ger wurde) sich schon jetzt zum Sieger erklären: Es wird
im Jahr 2000 beginnen, weil die meisten Menschen es so
empfinden – und wieder sage ich bravo. Mein junger
Freund wollte die Debatte beilegen, indem er dem ersten
Jahrhundert nur 99 Jahre zugestand; heute haben die ganz
normalen Menschen sich für das andere Ende ausgesprochen – und der Übergang von der Herrschaft der gehobenen zur Ausbreitung der volkstümlichen Kultur wird die
Frage beantworten, indem er dem 20. Jahrhundert nur 99
Jahre zubilligt! Die alte Garde in Greenwich mag nach
Herzenslust schmollen, aber die Welt wird am 1. Januar
2000 toben und feiern.

Wie schön – denn immerwährende Debatten um Un-
lösbares sind wirklich große Zeitverschwendung, verset-
zen uns in schlechte Laune und lenken unsere Energie
von wirklich wichtigen Zielen ab. Ersparen wir uns lieber

den geistigen Kampf – nicht um das tausendjährige Reich der Glückseligkeit zu begründen (denn ich bezweifle, daß Menschen zu solcher Vollkommenheit fähig sind), aber um zumindest Jerusalem auf der grünen, angenehmen Landschaft unseres Planeten zu bauen.

WARUM?

TEIL 1
DIE VERFLIXTEN TRICKS DER NATUR

Durch einige berühmte Zeugnisse begünstigt, haben wir den falschen Eindruck, als liefe das Universum mit der Regelmäßigkeit einer idealen Uhr, und Gott müsse demnach ein vollendeter Mathematiker sein. Galilei bezeichnete den Kosmos in seinem berühmtesten Aphorismus als »großes Buch, geschrieben in der Sprache der Mathematik, mit Dreiecken, Kreisen und anderen geometrischen Formen als Buchstaben«. Der schottische Biologe D'Arcy Thompson, eines meiner ältesten geistigen Vorbilder und Verfasser des unvergleichlich gut geschriebenen *On Growth and Form* (das 1917 erstmals erschien und heute noch lieferbar ist, die neueste Auflage mit einem Vorwort von meiner Wenigkeit), stellte fest: »Die Harmonie der Welt wird in Form und Zahl offenkundig; Herz und Seele aller Dichtung der Naturphilosophie verkörpern sich im Begriff der mathematischen Schönheit.«

Viele Naturwissenschaftler haben diese mathematische Regelmäßigkeit herangezogen und dann argumentiert, jeder Schöpfergott müsse – zumindest metaphorisch gesprochen – ein Mathematiker der pythagoreischen Schule sein. So schrieb beispielsweise der angesehene

Physiker James Jeans: »Aufgrund der Belege in seiner Schöpfung selbst scheint der große Architekt des Universums mittlerweile ein reiner Mathematiker zu sein.« Dieser Eindruck sickerte auch in das allgemeine Denken und den künstlerischen Ausdruck ein. In einem Vortrag, den James Joyce 1930 hielt, definierte er das Universum als »reinen Gedanken, den Gedanken eines, den wir in Ermangelung eines besseren Begriffs als mathematischen Denker bezeichnen müssen«.

Würden diese Lobeshymnen und Ergüsse ausnahmslos stimmen, könnte ich meine eigene lyrische Version der allgemeinen Ansicht komponieren und dieses Buch sofort abschließen. Aber ich bin jetzt bei dem letzten großen Bereich der Jahrtausendfragen angelangt: bei der Kalenderkunde. Ich muß die Frage stellen, warum Themen des Kalenders die Menschen zu allen Zeiten so gefesselt haben und warum so viele Gelehrte und Mathematiker soviel Zeit darauf verwandt haben, Kalender zu entwickeln und sich auf endlose Debatten einzulassen – über richtig und falsch, elegant und übermäßig kompliziert, natürliche oder konstruierte Systeme zum Zählen von Sekunden, Minuten, Stunden, Tagen, Wochen, Monaten, Mondmonaten, Jahren, Jahrzehnten, Jahrhunderten und Jahrtausenden, Tuns und Baktuns, Tithis und Karanas, Iden und Nonen.* Unsere kulturell bedingte Zufallsent-

---

* Tun = Mondjahr der Maya: 360 Kins (Tage); Baktun = 400 Tuns; Tithi = Mondtag, Karana = halber Tag im vedischen Kalender (Indien); Iden und Nonen = Tage in der römischen Zeitrechnung (Anm. d. Übers.)

El Greco, *Die Vision des heiligen Johannes* (1608–1614).

scheidung, Jahrtausende zu unterscheiden und einem Sonnensystem, das keinen derartigen natürlichen Zyklus kennt, eine Tausender-Unterteilung aufzuzwingen, fügt diesem Wirbel der Diskussionen um den Kalender ein wichtiges Element hinzu.

Wäre Gott wirklich ein Pythagoras in Galileis Universum, hätten Fragen nach dem Kalender nie zum Thema hochgeistiger Debatten werden können. Dann wären alle entscheidenden natürlichen Zeitzyklen hübsche, prägnante, einfache Vielfache voneinander – und jeder Dummkopf müßte nur zählen. Dann hätten wir ein Jahr (Erde um die Sonne) von genau zehn Monaten (Mond um die Erde) und mit exakt hundert Tagen (Erde um sich selbst) bis hin zur -zigsten und letzten Dezimalstelle jeder denkbaren Meßgenauigkeit. Aber Gott hat – gottseidank – sowohl Loki als auch Odin eingeführt, den Spaßmacher und den Gelehrten, den Narren und den Heiligen. Gott schneiderte eigentlich überhaupt kein regelmäßiges Universum. Und wir armen Schlucker nach Seinem Bilde sind deshalb dazu verdammt, uns bis zum Sankt-Nimmerleins-Tag mit Kalenderfragen herumzuschlagen, oder bis Christus wiederkehrt und das tausendjährige Reich einsetzt.

Oh, ich streite nicht ab, daß manche wirklich verblüffenden Fetzen mathematischer Regelmäßigkeit den Kosmos in seinen großen und kleinen Bereichen zieren. Die Waben im Stock der Honigbienen und die Basaltpfeiler des Giant Causeway in Nordirland bilden recht hübsche, regelmäßige Sechsecke. Viele Natur»gesetze« lassen sich in erstaunlich einfacher mathematischer Form niederschreiben. Wer hätte gedacht, daß man die Entfesselung der gewaltigen Energie eines Atoms mit $E = mc^2$ beschreiben kann?

Aber wir haben die mathematische Regelmäßigkeit der Natur überstrapaziert – und die Autoren meiner anfänglichen Zitate gehören da zu den schlimmsten Übeltätern. Wenn überhaupt, dann ist die Natur unendlich vielfältig und überraschend – oder, mit den berühmten Worten von J. B. S. Haldane, »nicht nur seltsamer, als wir es uns ausmalen, sondern seltsamer, als wir es uns ausmalen *können*«. Ich habe diesen Abschnitt »Die verflixten Tricks der Natur« genannt, weil ich auf die beiden gegensätzlichen Bereiche hinweisen wollte, in denen die Natur aus sinnvollen Gründen eine mathematische Einfachheit verweigert. Der zweite Bereich zwingt jede komplizierte Gesellschaft – und alle, von Ägypten über China bis nach Mittelamerika, haben es auch unabhängig voneinander getan –, sich mit der Kalenderkonstruktion zu befassen, und dabei geht es nicht nur um das Zählen, sondern es ist ein schwieriges, verwirrendes Thema. Viele Fragen im Zusammenhang mit der Jahrtausendwende – Warum gründen unsere Kalender sich überhaupt auf Zyklen? Warum kennen wir einen Zeitraum von 1000 Jahren, der in keinerlei Verbindung mit natürlichen Zyklen steht? – erwachsen unmittelbar aus dieser erzwungenen Kompliziertheit. Jede angemessene Beschreibung des derzeitigen Jahrtausendwahns erfordert deshalb, daß wir verstehen, warum die Kalenderkunde in allen komplexen Kulturkreisen der Menschheit ein so beunruhigendes, faszinierendes Thema darstellt.

Was den ersten Bereich angeht, erweisen sich offenkundige Regelmäßigkeiten als Zufälle – und wir sind die Dummen. Betrachten wir einmal das bekannteste Beispiel: Die herkömmliche Kultur maß der gleichen Größe von Sonne und Mond am Himmel große Bedeutung bei – sie war eine wichtige Quelle vielfältiger Mythen und Sagen und eine Hauptzutat in unserem Rezept für eine sinnvolle Ordnung am Firmament: »Und Gott machte zwei große Lichter: ein großes Licht, das den Tag regiere, und ein kleines Licht, das die Nacht regiere, dazu auch die Sterne« (1. Mose 1, 16). Aber die scheinbar gleiche Größe ist reiner Zufall und keine Folge irgendeiner mathematischen Regelmäßigkeit oder eines Naturgesetzes. Die Sonne hat einen etwa hundertmal größeren Durchmesser als der Mond, aber sie ist auch hundertmal so weit entfernt – deshalb erscheinen die beiden Scheiben einem Beobachter auf der Erde annähernd gleich groß.

In dem zweiten, entgegengesetzten Bereich gibt es die zutiefst nützlichen und sehnlichst erwünschten Regelmäßigkeiten schlicht und einfach nicht – hier müssen wir auf unbequeme Näherungslösungen und eine nicht zu reduzierende Ungleichheit zurückgreifen. Die Verwicklungen der Kalenderwissenschaft entstammen fast ausschließlich diesem Bereich – ein entscheidender Punkt, und ich möchte ihn mit zwei wichtigen Beispielen verdeutlichen; mit ihnen schlug sich die Menschheit herum, seit der erste Höhlenmensch erkannte, daß seine Vollmondsymbole, die er säuberlich in seine Tafel aus dem Schulterblatt eines Mammuts geritzt hatte, sich nicht genau mit den in der Reihe darunter eingekerbten Symbolen für die Tage in Übereinstimmung bringen ließen. Unser Höhlenmensch kratzte sich am Kopf, gelangte zu dem Schluß, er müsse einen Fehler gemacht haben, führte noch sorgfältigere Aufzeichnungen und erhielt wieder das gleiche »krumme« Ergebnis. (Entweder wurde unser Höhlenmensch jetzt verrückt, so daß er seinen Kameraden entsetzlich zur Last fiel und sein Leben schließlich als Einzelgänger fristen mußte, oder er ließ sich in der Strömung des Empirismus treiben und wurde zum ersten Konstrukteur eines komplizierten, annähernd richtigen Kalenders.)

Die beiden wichtigen Beispiele, die alle komplexeren Kulturkreise heimgesucht haben – die gebrochene Zahl der Tage und Mondmonate im Sonnenjahr – erwachsen aus derselben Ursache: Die Natur weigert sich hartnäckig, nach einfachen Zahlenbeziehungen zu funktionieren, und das gerade in dem Bereich, in dem eine solche Regelmäßigkeit für uns besonders nützlich wäre. Die Natur kann offensichtlich prachtvolle Rechtecke hervorbringen, aber sie ist nicht in der Lage (oder sie hat sich nicht herabgelassen), ein Jahr mit einer hübschen glatten Zahl von Tagen oder Mondmonaten zu erzeugen.

So ein Pech aber auch. Sowohl unsere praktischen Notwendigkeiten (für Jagd oder Landwirtschaft über die Jahreszeiten Bescheid zu wissen, für Fischerei oder Seefahrt über die Gezeiten, ganz zu schweigen von der Berechnung des Osterfestes, dem Schreckgespenst der Kirchengeschichte) als auch unser innerer Drang, nach regelmäßigen Zahlen zum Ordnen einer verwirrenden Welt zu suchen, treiben uns dazu, die drei großen Zyklen der Natur zu verfolgen – die Tage der Erdrotation, die Mondmonate der Mondumläufe und die Jahre der Erdumläufe um die Sonne. (Unsere anderen großen Zyklen von der Woche bis zum Jahrtausend spiegeln keine astronomischen Vorgänge wider; sie erwachsen aus komplizierteren, eher zufälligen Gründen in der Menschheitsgeschichte.)

Liefe nur einer dieser drei Zyklen als glattes Vielfaches eines anderen ab, hätten wir einen so schön einfachen, immer gleichen Kalender – und der würde das Leben um so vieles bequemer machen. Aber die Natur bietet uns nur gebrochene Zahlen mit unendlich vielen Dezimalstellen – so ist es nun einmal. Wie diese unbequeme reale Konstruktion die Menschheitsgeschichte beeinflußt hat, läßt sich am besten einschätzen, wenn wir nachzeichnen, wie die abendländische Kultur mit den beiden großen kalendarischen Verwicklungen umgegangen ist, die uns von den nicht übereinstimmenden Zyklen der Natur aufgezwungen werden.

Die Tage des Sonnenjahres

365 Tage, 5 Stunden, 48 Minuten und 45,96768 …
Sekunden! Was hat Gott da nur gemacht? Die Ägypter
fanden es heraus, die Chinesen ebenso, und die Maya
auch – alle unabhängig voneinander, und alle zu ihrem
eigenen Entsetzen. 365,25 – exakt 365 Tage und dazu
noch genau ein Vierteltag – das wäre schon schlimm genug gewesen. Dann hätten wir immer noch die Unbe-
quemlichkeit mit einem Schaltjahr alle vier Jahre und allen Geschichten, die dazugehören – einschließlich eines
wandelbaren Februars, der in jenem kleinen Sechszeiler,
mit dem Schulkinder früher die Länge der Monate lern-
ten, volle zwei Drittel beansprucht:

Dreißig sind es im September,
April, Juni und November,
Die andern haben einunddreißig,
Nur der Februar ist einzig,
Für ihn sind achtundzwanzig fein,
eins mehr darf's nur im Schaltjahr sein.

Solche Knittelverse können eine erschreckende Macht
ausüben. Bis heute kann ich die Monate mit 30 und 31
Tagen nicht auseinanderhalten, ohne die beiden ersten
Zeilen in voller Länge aufzusagen.

Man kann sich vernünftigere Lösungen vorstellen, um
die mittelgroßen Einheiten regelmäßiger zu gestalten, die
wir (aus guten Gründen – mehr darüber im nächsten Ab-

William Blake, *Das Jüngste Gericht* (1808).

schnitt) Monate nennen, obwohl sie im Vergleich zu den wirklichen Mondmonaten immer wieder aus der Reihe tanzen. Mehrere Kulturkreise stießen unabhängig voneinander auf die Idee, 360 Tage in gleiche Abschnitte zu unterteilen (18 »Monate« zu je 20 Tagen bei den Maya mit ihrem Zwanzigersystem; zwölf neu benannte Monate von jeweils 30 Tagen im Frankreich der Revolution mit ihrem Tabula-rasa-Kalender von 1792) – und dann führten sie fünf zusätzliche Tage ein (die bei den Maya als besonders unglücksträchtig, bei den Franzosen als Ausrede für langes Feiern galten), um das Jahr voll zu machen. Ganz vernünftig, aber dann muß man sich immer noch mit diesem lästigen Vierteltag pro Jahr herumschlagen. Die Franzosen nahmen deshalb in jedem vierten Jahr noch einen weiteren Tag hinzu, insgesamt also sechs.

Die Rätsel der Schaltjahre sind Anlaß endloser Verwicklungen und herrlich banaler Diskussionen. Man braucht nur die Geschichten um Geburtstage und um große – wahre und erfundene – Persönlichkeiten zu betrachten. Nehmen wir zum Beispiel den ewig jugendlichen Komponisten Rossini: Er feierte am 29. Februar 1992 seinen 48. Geburtstag, gerade nachdem die Erde seit seiner Geburt im Jahr 1792 ihren 200. Umlauf um die Sonne vollendet hatte. (Ja, den 48. und nicht den 50. Geburtstag; einen Augenblick noch, denn diese verblüffende Kleinigkeit erfordert die nächste Stufe der kalendarischen Kompliziertheit, die im folgenden Abschnitt erörtert und einer Lösung zugeführt wird.)

Oder betrachten wir den armen Piratenlehrling Frederick, der sich den berüchtigten Piraten von Penzance bis zu seinem 21. *Geburtstag* vertraglich verpflichtet hatte. Die komische Oper gleichen Namens von Gilbert und Sullivan beginnt mit den Feiern anläßlich Fredericks bevorstehender Freilassung. Aber der arme Bursche war am 29. Februar geboren, und deshalb ist er erst »fünf und ein klein wenig«. Die Oper trägt den Untertitel »Sklave der Pflicht« – wie man also leicht erkennt, erklärt Frederick sich einverstanden, bis zu dem vertraglich vereinbarten Zeitpunkt zu bleiben. Dann belästigt er Mabel, seine Verlobte: »1940 werde ich alt genug sein; dann komme ich zurück, dich zu beanspruchen, das erkläre ich!« Darauf erwidert Mabel: »Es scheint so lang«, aber dann verspricht sie zu warten. Arme Mabel. Die Lage ist schon schlimm genug, aber Gilbert machte – wie wir noch sehen werden – den gleichen Fehler wie diejenigen, nach deren Ansicht Rossini 1992 bereits seinen 50. Geburtstag feierte. Mabel mußte in Wirklichkeit bis 1944 warten, als Frederick ein rüstiger Achtundachtzigjähriger war, und nicht nur bis 1940 und dem eindeutig jugendlicheren 84. Kalenderjahr ihres Verehrers.

Die erste moderne Reform des abendländischen Kalenders nahm Julius Caesar selbst im Jahr 45 n. Chr. vor. Er erkannte aber nicht die zusätzliche Unregelmäßigkeit der 365-Tage-und-ein-kleines-bißchen-weniger-als-ein-Vierteltag (365,242199…, um genau zu sein) und ging statt dessen von genau 365 Tagen aus. Müssen wir uns um

William Blake, *Los* (1794), aus *The Book of Urizen*.

eine solche kleine Aufrundung, die das Sonnenjahr um nur gut elf Minuten zu lang einschätzt, tatsächlich Gedanken machen? Immerhin funktionierte der Julianische Kalender auf die einfachste denkbare Weise (angesichts der nicht zu leugnenden Realität eines Tagesbruchteils nach den vollen 365). Das heißt, der Julianische Kalender nimmt eine und nur eine Korrektur vor – und diese Korrektur unterliegt einer unveränderlichen Regel. In jedem vierten Jahr, dem »Schaltjahr«, wird im Kalender ein zusätzlicher Tag eingeführt, so daß das Jahr 366 Tage hat. Da wir Tagesbruchteile in einem vernünftigen Kalender nicht unterbringen können, ist eine sich ständig wiederholende Folge von 365, 365, 365 und 366 eine gute ganztägige Version eines Sonnenjahres, das in Wirklichkeit aus $365\frac{1}{4}$ Tagen besteht.

Nur ist da noch die unangenehme Komplikation, daß das Sonnenjahr aus nicht ganz $365\frac{1}{4}$ Tagen besteht. Es verfehlt diese regelmäßig gebrochene Zahl um elf Minuten und ein bißchen. Die kleine Überlänge im Julianischen Kalender spielt zunächst keine große Rolle, aber mit der Zeit summieren sich die jeweils elf Minuten, und Cäsar lebte schon vor ziemlich langer Zeit. Schließlich sammeln sich im Kalender merklich zusätzliche Tage an (genaugenommen sind es sieben in tausend Jahren), und dieser Vorgang setzt sich unendlich fort, so daß der Julianische Kalender mit dem Sonnenjahr immer mehr aus dem Gleichschritt gerät. Wenn wir also wollen, daß die Tagundnachtgleiche im Frühjahr immer auf den gleichen

Tag fällt (nämlich auf den 21. März, was für alle möglichen Leute vom Priester bis zum Bauern höchst bequem
ist und, wie wir noch sehen werden, für die Berechnung
des Osterfestes eine zwingende Notwendigkeit darstellt),
wird der Julianische Kalender mit jedem abgelaufenen
Jahrhundert immer schlechter. Die Frühjahrs-Tagundnachtgleiche (und jedes andere festgelegte Datum) verschiebt sich im Kalender immer weiter nach vorn. Und
dieser Fleck auf Cäsars weißer Weste, nicht Brutus' Wun-
de, könnte sich als unfreundlichste seiner Bosheiten erweisen.

Deshalb nahm Papst Gregor XIII. einen freundlichen,
vernünftigen Einschnitt vor. Im 16. Jahrhundert hatten
sich die elf Minuten und 14 Sekunden pro Jahr zu zehn
zusätzlichen Tagen summiert. Diese Ungenauigkeit führte nun zu ersten schwerwiegenden Konsequenzen, insbesondere für Geistliche und Astronomen, deren altehrwürdige, heilige Pflicht darin bestand, das Datum des
Osterfestes festzulegen. Also bediente Gregor sich einer
Strategie, die man seit undenklichen Zeiten bevorzugte:
Er setzte einen Ausschuß ein und gab ihm einen schlauen
Vorsitzenden, den bekannten Jesuiten und Mathematiker
Christopher Clavius. Dieses Gremium, das 1578 die Arbeit aufnahm, gelangte zu einer jener liebenswerten,
praktischen Lösungen, die absolut keinen Rückhalt in
irgendeiner eleganten, hochgestochenen Theorie haben,
dafür aber den großen Vorteil, daß sie verdammt gut
funktionieren. Die neuen Regeln verkündete Gregor am

24. Februar 1582 in einer päpstlichen Bulle. Wir bezeichnen seine Korrektur heute als gregorianische Reform, und der verbesserte Kalender – der bis heute gültig ist – heißt Gregorianischer Kalender.

Die von Clavius geleitete Kommission stand zwei verschiedenen Problemen gegenüber und löste sie auf unterschiedliche Weise. Zunächst einmal war der alte julianische Kalender dem Sonnenjahr um zehn Tage voraus und mußte wieder mit ihm in Übereinstimmung gebracht werden (so daß die Tagundnachtgleichen wieder auf den herkömmlichen Zeitpunkt fielen – und dort auch blieben). Dieses Problem war nur durch altmodische Schadensbegrenzung zu lösen – auf recht radikale Weise, aber was blieb ihnen anderes übrig? Clavius empfahl, man solle zehn Tage durch offizielle Anordnung unter den Tisch fallen lassen, und genau das tat Gregor – genau so, und durch päpstlichen Befehl! Die Tage vom 5. bis zum 14. Oktober 1582 fielen aus und fanden einfach nicht statt! Das Datum, das auf den 4. Oktober folgte, wurde zum 15. Oktober, und der Kalenderwar wieder im Einklang mit dem Sonnenjahr.

Diese Lösung erscheint manchen Menschen bizarr oder sogar ungeheuerlich – als Angriff auf Natur und Menschenwürde gleichermaßen. Wie kann eine beliebige irdische Macht Tage nach Lust und Laune verschwinden lassen? Nun, ich will nicht abstreiten, daß Gregors Lösung eine Reihe von Problemen aufwarf (Löhne und Gehälter, Bankzinsen – wenn es so etwas schon gab – Lebensalter, Geburtstage und so weiter), aber vermutlich hatte nichts davon die Ausmaße des heute bevorstehenden Desasters (das wir mit großem Aufwand zu verhüten versuchen), wenn die Computer zum Jahrtausendwechsel vor Verwirrung durchdrehen. (Ich freue mich zumindest auf einen stattlichen Scheck für die Zinsen auf einem Konto, auf dem meine Bank eine hundertjährige Einlage entdeckt hat.)

In Wirklichkeit war Gregors Lösung keineswegs ungeheuerlich, sondern äußerst klug und praktisch. Der Tag entspricht einem tatsächlichen astronomischen Zyklus, aber das Datum, das wir jedem Tag zuordnen, ist nur eine Konvention der Menschen. Der 5. bis 14. Oktober waren immer Teil eines von Menschen erfundenen Systems und keine Realität der Natur. Wenn wir diese Daten ausfallen lassen mußten, um unser künstliches System wieder in Einklang mit einem natürlichen Kreislauf der Tagundnachtgleichen und Sonnenwenden zu bringen, konnten wir das nach Belieben und ohne Schuldgefühle tun.

Zweitens aber mußten Clavius und seine Kollegen eine neue Regel für den Kalender entwickeln, damit die schleichende Ungenauigkeit des julianischen Systems in Zukunft vermieden wurde. Dieses Ziel erreichten sie, indem sie das Jahr auf 365,2422 Tage festlegten, was der astronomischen Wirklichkeit viel näher kam als die rechnerisch einfacheren 365,25 des Julianischen Kalenders. Um dieses neue Jahr einzurichten, führten sie bei der alten Schaltjahrregel eine Korrektur zweiter Ordnung ein –

und damit legten sie eine kompliziertere Regelung fest, die wir bis heute befolgen. Der Julianische Kalender enthielt zu viele Schaltjahre; nach der von Clavius entwickelten, säuberlichen Lösung läßt man gelegentlich ein Schaltjahr ausfallen, und zwar auf so regelmäßige Weise, daß das ganze System den Anschein von Weisheit und Prinzipien erweckt (womit das ausschließlich praktische Problem, für das man eine funktionierende, willkürliche Lösung brauchte, verschleiert wird). Clavius schlug vor, man solle jeweils zur Jahrhundertwende, also alle 100 Jahre, das Schaltjahr ausfallen lassen.

Aber wie ich zu Beginn dieses Abschnitts dargelegt habe, zwingen die natürlichen Kreisläufe zu einem Zahlenwirrwarr – und der ist genau das Gegenteil jener ehernen Ordnung, die Galilei, Jeans oder Joyce dem Kosmos gern zugeschrieben hätten. Einfache Regeln funktionieren nur selten, und die Regel, Schaltjahre zur Jahrhundertwende ausfallen zu lassen, erforderte eine weitere Korrektur – dritter Ordnung dieses Mal: Die julianischen Schaltjahre bilden die Korrektur erster Ordnung für die Tagesbruchteile, das Fallenlassen der Schaltjahre zur Jahrhundertwende ist die Korrektur zweiter Ordnung für die julianische Überlänge des Jahres, und diese letzte Regel schließlich ist die Korrektur dritter Ordnung für die Schaltjahre zur Jahrhundertwende.

Hatte das julianische System zuviel hinzugefügt, so nahm die Korrektur zur Jahrhundertwende, wie Clavius richtig erkannte, zuviel weg. Nach einiger Zeit mußte also wieder ein wenig zugegeben werden. Deshalb schlug Clavius vor, das Schaltjahr in jedem vierten Jahrhundert wieder einzuführen. Dann formulierte er seine Verfahrensweise als Regel: Zur Jahrhundertwende findet kein Schaltjahr statt, außer in den Jahrhunderten, die durch 400 teilbar sind. (Wie ich schon sagte, mag das nach einer prinzipiellen Lösung aussehen, aber in Wirklichkeit ist es nicht mehr als eine schriftlich niedergelegte Faustregel.)

Auch diese Korrektur dritter Ordnung ist noch nicht vollkommen, aber sie bringt den Gregorianischen Kalender – das heißt unseren Kalender – in recht gute Übereinstimmung mit dem Sonnenjahr. Genaugenommen weicht der Gregorianische Kalender vom Sonnenjahr nur noch um 25,96 Sekunden ab – er ist so genau, daß nur noch etwa alle 2800 Jahre eine Korrektur von einem Tag notwendig wäre. Endlich war die Abweichung so gering, daß sie unter praktischen Gesichtspunkten keinerlei Rolle mehr spielt. (Oder werden das berühmte letzte Worte werden, weil unsere technikorientierte Gesellschaft in Sachen Genauigkeit immer höhere Ansprüche stellt?)

Fassen wir noch einmal zusammen: Im Rahmen der gregorianischen Reform wurde der Julianische Kalender 1582 durch das Auslassen von zehn Tagen umgestaltet, und man führte für die Schaltjahre eine neue Regel ein, um nennenswerte Ungenauigkeiten für die Zukunft auszuschließen: Alle vier Jahre wird ein Schaltjahr eingefügt, außer an drei von vier Jahrhundertwenden; um die-

ser Regel zu genügen, wird das Schaltjahr zu jeder Jahrhundertwende, die durch 400 teilbar ist, beibehalten.
Aus dieser gregorianischen Regel ergeben sich interessante Folgerungen für das bevorstehende Jahr 2000. Was
ist es doch für eine besondere Gelegenheit, und was für
ein Privileg genießen wir! Wir werden nicht nur Zeugen
einer Jahrtausendwende, sondern wir erleben auch noch
jenes seltene Jahr, das nur alle 400 Jahre wiederkehrt –
eine Jahrhundertwende mit einem 29. Februar. Ja, 2000
wird ein Schaltjahr sein – und unser Leben wird die Be-
sonderheit eines zusätzlichen Tages einschließen, der nur
alle 400 Jahre wiederkehrt. Nutzen wir ihn in guter Ge-
sundheit!

Und noch eine letzte Anmerkung zum Thema der gregorianischen Korrekturen: Die Jahrhundertregel ist die
Erklärung für das Paradox, daß Rossini nach 200 Lebensjahren erst 48 Jahre alt ist (1800 und 1900 waren keine
Schaltjahre, also hatte er in diesen Jahren auch keinen
Geburtstag), und sie erklärt auch, warum die arme Mabel
noch weitere vier Jahre auf ihren Frederick warten mußte
(1900 war kein Schaltjahr).

Soweit die Astronomie, aber jetzt müssen wir uns noch
mit den Launen der Menschheitsgeschichte und der
Fremdenfurcht der Menschen befassen. Der wahrlich verbesserte Gregorianische Kalender wurde in der römisch-
katholischen Welt schnell allgemein anerkannt. In England aber hörte sich das ganze Trara nach einer päpstlichen Verschwörung an, und die Briten wären eher ge-

storben, als daß sie mitgemacht hätten. Deshalb behielt England den Julianischen Kalender bis 1752 bei; erst dann unterwarf man sich auch dort der Vernunft und den praktischen Erwägungen – aber mittlerweile war nach der julianischen Zählung ein weiterer Tag hinzugekommen, und das Parlament mußte elf Tage (den 3. bis 13. September 1752) ausfallen lassen, um die gregorianische Reform verspätet umzusetzen.

Wenn man diese Geschichte kennt, sind einige rätselhafte kleine Fußnoten unserer gemeinsamen Vergangenheit ohne weiteres zu erklären (es sind in einem gewissen Sinn sicher Banalitäten, aber um so unangenehmer und frustrierender ist es, wenn man den Grund nicht kennt). Als Geburtstag von George Washington wird beispielsweise manchmal, insbesondere in zeitgenössischen Quellen aus den amerikanischen Kolonien, der 11. Februar 1731 angegeben und nicht der 22. Februar 1732, den wir genau zur richtigen Zeit zu feiern pflegten, bevor man in den USA alle gesetzlichen Feiertage bequemlichkeitshalber auf Montage legte und sich entschloß, trotz des Unterschiedes zwischen Washington und Lincoln einen gemeinsamen President's Day zu feiern. Als englische Kolonie richtete Amerika sich bei Washingtons Geburt noch nach dem julianischen Kalender. Man hatte die elf Tage noch nicht fallengelassen (der gregorianische 22. Februar war also in der britischen Welt immer noch der julianische 11. Februar). Außerdem begann das julianische Jahr (zumindest in England) im März, so daß Washington auch ein Jahr früher geboren wurde.

Ähnlich rätselhaft erschien es vielen Menschen, daß man in der Sowjetunion jedes Jahr im November die »Oktoberrevolution« feierte. (Erinnern Sie sich noch an die vielen Panzer, die auf dem Roten Platz an dem Balkon mit den Mitgliedern des Politbüros vorüberzogen?) In Rußland wurde der Gregorianische Kalender erst 1918 übernommen, als weltliche Herrscher die orthodoxe Kirche entmachteten. Die julianische Oktoberrevolution hatte also im gregorianischen November stattgefunden – wieder die zusätzlichen Tage! Und da der innere Feind stets schlimmer ist als der von außen, hat die russisch-orthodoxe Kirche den Gregorianischen Kalender bis heute nicht anerkannt – er ist ein römisches Komplott, kein Zweifel. Der Julianische Kalender ist noch lebendig, aber »der Strom der menschlichen Geschäfte wechselt ...«[*]

DIE UNBEQUEME DISKREPANZ
ZWISCHEN MOND- UND SONNENJAHR

Tag und Sonnenjahr verfehlen die Übereinstimmung nur um jenes winzige Bißchen von noch nicht einmal einem Vierteltag – aber bedenken wir, was das für Unannehmlichkeiten bereitet! Wenden wir uns dem Mond zu, wird die Lage noch verzweifelter, ja sie könnte eigentlich nicht mehr schlimmer sein.

---

[*] Shakespeare, *Julius Caesar*, IV. Akt, 3. Szene (Anm. d. Übers.)

Der Mond braucht $29^1/_2$ Tage, um die Erde zu umrunden (29,53059 Tage, um genauer zu sein); der natürliche Mondmonat führt also zu entsetzlich gebrochenen Zahlen, wenn man ihn in Tagen zählen oder als Bruchteil eines Jahres angeben will. Kein regelmäßiges »Jahr« aus Mondumläufen kann auch nur annähernd dem Sonnenjahr entsprechen – die beste Näherung sind zwölf Mondumläufe mit insgesamt 354 Tagen (354,36706, um wieder genauer zu sein); damit wird die Dauer des Sonnenjahres um fast elf Tage verfehlt.

Diese Diskrepanz könnte bedeutungslos sein, hätten komplizierte Kulturkreise nicht – schade, aber unausweichlich – das Bedürfnis, Mond- und Sonnenjahr zur Übereinstimmung zu bringen – aus den beiden Gründen, die immer wieder durch dieses Buch gegeistert sind. Erstens verlangen es praktische Überlegungen – Sonnen- und Mondzyklus sind auf so hervorragende und doch unterschiedliche Weise nützlich; und zweitens macht Verstand auch Spaß. (Wir sind, im guten wie im bösen, bewußtseinsbegabte Wesen, die Fragen über ihre Umgebung stellen; wir können kaum den Mond mit seinen wiederkehrenden Phasen beobachten, ohne über ihre Regelmäßigkeit und den Zusammenhang mit den anderen großen Zyklen der Tage und Jahre nachzugrübeln. Wir haben tatsächlich keine Wahl.)

Viele wichtige menschliche Kulturkreise, insbesondere das chinesische Kaiserreich, das Judentum und der Islam, bedienten sich eines vorwiegend am Mond orientierten

Pablo Picasso, *Guernica* (1937).

Kalenders, aber auch sie mußten sich um Übereinstimmung mit dem Sonnenjahr bemühen. Wie schafft man das? Zunächst einmal dürfen Mondmonate keine Bruchteile von Tagen enthalten; das Problem der $29\frac{1}{2}$ Tage je Monat löst man also, indem man manchen der zwölf Monate 29 und anderen 30 Tage zuordnet – auf diese Weise ergibt sich ein Mondjahr von 354 Tagen. Aber was macht man mit den elf Tagen, die dann noch fehlen?

Mit dieser Frage haben sich alle Kulturen herumge-schlagen, die Mondkalender benutzten, und alle ent-deckten irgendeine Abwandlung des sogenannten Mond-zirkels oder Metonischen Zyklus – er ist ebenfalls eine jener handgestrickten Faustregeln, die sich getarnt haben und eher nach einer grundlegenden Gesetzmäßigkeit als nach einer praktischen Lösung aussehen. Bedient man sich einer groben Einteilung mit Mondmonaten von 29 und 30 Tagen, besteht die einfachste Korrektur für die elf fehlenden Tage darin, daß man einen zusätzlichen Mondmonat – einen »Schaltmonat«, wenn man so will – einfügt und ein Jahr von 13 Mondmonaten oder 384 Tagen erhält, sobald die angesammelten fehlenden Tage Schwierigkeiten bereiten.

Der Metonische Zyklus – er ist nach dem Astronomen Meton benannt, der im 5. Jahrhundert v. Chr. in Athen lebte, man entdeckte ihn aber unabhängig davon auch in China und in Babylon, von wo aus er Eingang in den jüdischen Kalender fand – läßt die kürzeste Folge von Jahren erkennen, mit der sich Mond- und Sonnenkalender fast vollkommen zur Übereinstimmung bringen lassen. Er umfaßt 19 Jahre und erfordert, daß während dieser Zeit in sieben beliebigen Jahren ein Schaltmonat eingefügt wird. (Metons ursprüngliche Version beinhaltete nach den 19 Jahren noch eine Diskrepanz von fünf Tagen, aber dieses kleine Problem läßt sich durch eine ganze Reihe von Ad-hoc-Lösungen ausräumen, unter anderem indem man fünf Schaltmonate jeweils um einen Tag verlängert.) Der Metonische Zyklus mag grob und willkürlich erscheinen, aber er funktioniert, und etwas Einfacheres läßt sich nicht konstruieren. Deshalb entsprechen fast alle Mondkalender diesem System mit Schaltmonaten in sieben von 19 Jahren. Der moderne jüdische Kalender zum Beispiel schiebt im dritten, sechsten, elften, vierzehnten, siebzehnten und neunzehnten Jahr eines Metonischen Zyklus jeweils einen Schaltmonat von 30 Tagen ein.

Wie bei der gregorianischen Reform und der Geburt von George Washington, so hilft uns das Wissen um solche kalendarischen Verwicklungen auch hier, einige wirklich rätselhafte Aspekte des Alltagslebens zu verstehen, die ansonsten als lästige Verwirrungen zwischen den vielen hundert täglichen kleinen Scherereien bestehen bleiben würden und die übliche Reaktion in einem genervten Leben auslösen: »Warum, verdammt noch mal, funktioniert das so? Irgendwann muß ich mal nachsehen und es herausfinden« – was wir aber nie tun.

Haben Sie sich nicht zum Beispiel schon immer gefragt, warum sich das jüdische Chanukkafest im Dezember jedes Jahr um zehn Tage nach vorn verschiebt? Und dann, gerade wenn man glaubt, jetzt müsse es im November liegen, springt es im folgenden Jahr wieder auf Ende Dezember, sogar noch nach Weihnachten. Daran ist der Metonische Zyklus schuld. Nach dem Gregorianischen Kalender muß jedes jüdische Datum in den kurzen Mondjahren von 354 Tagen (zwölf von 19 im Metonischen Zyklus) immer weiter nach vorn wandern, und in den langen Jahren, die mit dem Schaltmonat aus 384 Tagen bestehen, springt es wieder nach hinten.

Andererseits hat manch einer aber vielleicht auch bemerkt, daß der islamische Fastenmonat Ramadan im Gregorianischen Kalender ständig rückwärts wandert und deshalb in jeden Abschnitt des Sonnenjahres fallen kann. Der islamische Kalender richtet sich ebenfalls nach dem Mond, aber er kennt nicht die Korrektur durch den Metonischen Zyklus. Deshalb sammeln sich die fehlenden Tage stetig an, und alle islamischen Daten rücken im Gregorianischen Kalender von Jahr zu Jahr nach vorn.

In der Geschichte des Christentums kreiste die Notwendigkeit, Sonnen- und Mondzyklus zur Übereinstimmung zu bringen, um eines der kompliziertesten und hartnäckig-lästigsten Probleme der Kalenderkunde: die Berechnung des Osterfestes. Bücher, ja ganze Bibliotheken wurden über dieses Thema geschrieben, und große Gelehrte widmeten ihr Leben der Entwicklung von Regeln und Verfahrensweisen, mit denen man diesen wichtigen Tag richtig festlegen kann. Ich werde hier nicht einmal ansatzweise in den Einzelheiten stochern, sondern ich möchte als gute Zusammenfassung für diesen Teil des Buches (denn Ostern verkörpert in verkürzter Form alle Themen, die ich hier erörtert habe) nur eines feststellen: Dieses Fest wurde zu einem größeren Problem als alle anderen Kalenderdaten oder beweglichen Feiertage, weil seine Definition sowohl Sonnen- als auch Mondelemente enthält und weil man das Datum nicht festlegen kann, solange man nicht alle großen kosmischen Zyklen mit ihren entsetzlichen gebrochenen Zahlen in Einklang gebracht hat. Ostern fällt nämlich auf den Sonntag nach dem ersten Vollmond (die Mond-Komponente) nach der Frühjahrs-Tagundnachtgleiche (die Sonnen-Komponente).

EIN EPILOG

Ich habe Kalenderprobleme immer innig geliebt, denn in ihnen zeigen sich alle unsere Schwächen in aufschlußreicher Miniaturausführung. Wo sonst könnten wir eine so lebhaft offensichtliche, enge Verknüpfung aller Streiche feststellen, die eine widerspenstige Natur uns spielt, verbunden mit allen Fehlern der Vernunft und mit allen Hindernissen durch Gewohnheit und Gefühl, die es uns noch schwerer machen, unseren Erkenntnisdrang zu stillen – mit anderen Worten: die Verbindung äußerer und innerer Fallgruben des Wissens. Und doch drängen wir erbarmungslos vorwärts – und wir gelangen tatsächlich irgendwohin.

Ich glaube, ich liebe die Menschheit um so mehr – vermutlich der Komplex des Wissenschaftlers –, wenn unser Wissensdrang über den rein praktischen Vorteil hinausgeht. Kulturen, die sowohl Fischfang als auch Ackerbau betreiben, brauchen die unvereinbaren Zyklen von Jahren und Mondmonaten nicht in Einklang zu bringen. Da die Natur keinen sauberen, prägnanten Zusammenhang ermöglicht, mußten die Menschen den schwerfälligen, verwickelten Metonischen Zyklus erfinden. Und diese Leistung, die mehrere Kulturen unabhängig voneinander erbrachten, kann man nur heldenhaft nennen.

Ich erkenne den zweckgerichteten Wissensdrang an, und mit Sicherheit räume ich ein, daß er eine Triebkraft der Menschheitsgeschichte ist. Aber wenn der Steinzeitmensch aus seiner Höhle gen Himmel schaute – und sich fragte, warum der Mond seine Phasen hat, nicht weil er mit diesem Wissen mehr Erfolg beim Muschelsammeln an der nahen Küste hatte, sondern weil er einfach nur ein Geheimnis lüften wollte und weil er vielleicht ganz vage spürte, daß hinter der offensichtlichen Gesetzmäßigkeit etwas stehen muß, das wir wiederkehrende Ordnung nennen und allein deshalb schön finden – nun ja, dann wurden Kalenderfragen zu etwas Erhabenem, und das gleiche geschah mit der Menschheit.

Betrachten wir die Leidenschaften zur Jahrtausendwende im besonderen und die Faszination der Kalenderprobleme im allgemeinen, wie sie aus dem Spaß am Ordnen und der Freude am Verstehen erwachsen, so wird dieses seltsame kleine Thema – das so häufig als Domäne der Nichtstuer und Exzentriker gilt, sicher aber nicht als die der großen Denker – zu einem wunderschönen Mikrokosmos für alles, was die Menschen zu etwas Besonderem macht, zu etwas potentiell Edlem und oft so wirklich Lustigem. Sokrates und Charlie Chaplin erreichten die gleiche Höhe der Erhabenheit.

Ich schließe nicht gern mit solchen volltönenden Allgemeinplätzen, mit einem so lächerlich unzureichenden lyrischen Versuch – also möchte ich am Ende lieber eine kleine Geschichte über einen ganz normalen Menschen erzählen, der im Bereich der Kalenderkunde eine Heldentat vollbracht hat und das Jahrtausend von ganzem Herzen liebt. Seine Geschichte gehört zu einem klassischen

Genre in den Annalen der Kalenderkunde – zur *Datums-Wochentags-Berechnung*, einem Thema, das als Paradebeispiel für die Wechselbeziehungen zwischen menschlichen Launen und göttlichem Versagen nicht zu übertreffen ist (deshalb seine Stellung als Klassiker): Es zeigt, wie etwas schwieriger wird, sowohl weil *wir* seltsame Definitionen anstelle leicht verfügbarer, sinnvoller Alternativen wählen, als auch weil die *Natur* die Sache noch mehr verschlimmert, indem sie die kosmischen Zyklen von Tagen und Jahren in eine so schlechte, irrationale Beziehung zueinander gestellt hat.

In der Schaltjahresgeschichte von Gilbert und Sullivan beginnt der Piratenkönig seine Erklärung über Fredericks kalendarische Zwangslage mit folgenden Worten: »Aus irgendeinem lächerlichen Grund, welchem ich jedoch nicht untreu zu werden wünsche ...« Das gleiche Gefühl habe ich bei dem Datums-Wochentags-Problem. Aus irgendeinem lächerlichen, willkürlichen Grund hat unsere Kultur sich entschlossen, die Tage in Siebenerpakete einzuteilen, die wir Wochen nennen – eine Einheit, die mit keinerlei Kreisläufen der Natur irgend etwas zu tun hat. Da das Jahr 365 Tage hat, sind wir am Ende bei 52 Wochen – und einem lästigen Tag, der übrigbleibt.

Würde das Jahr eine nicht gebrochene Zahl von Wochen umfassen (das Schaltjahrproblem lasse ich erst einmal beiseite), hätten wir kein Wochentags-Datums-Problem: Jedes Datum würde in jedem Jahr auf den gleichen Wochentag fallen. Aber wir machen die Sache ungebührlich schwierig, indem wir das Jahr eine Reihe von Wochen durchlaufen lassen und dann am Ende einen Tag übrigbehalten – jetzt verschiebt sich der Wochentag jedes Datums mit jedem neuen Jahr. Ein Datum, das 1997 auf einen Dienstag fällt, muß 1998 auf einen Mittwoch wechseln, 1999 ist es ein Donnerstag, und so weiter. (Auf die Schaltjahre komme ich gleich zu sprechen.)

Das alles würde eigentlich nicht die geringste Rolle spielen – nur: Wir machen uns etwas daraus. Fragen Sie mich nicht, warum, aber wir interessieren uns ungewöhnlich stark für den Wochentag, auf den unser Geburtstag oder ein anderes für uns wichtiges Datum in anderen Jahren als dem gerade laufenden fällt (denn in diesem können wir es leicht im Kalender nachsehen). Besonders beschäftigt uns in unserer Kultur der Tag, an dem wir geboren wurden. Man braucht nur einmal jemanden nach dem Wochentag seiner Geburt zu fragen (die meisten Menschen tun das nicht), dann holt der Angesprochene sofort irgendeinen Kinderreim aus seinen Kindheitserinnerungen ans Licht: »Montagskind – glattes Gesicht, Dienstagskind – voll Zuversicht...« (Glauben Sie mir, das sind keine Vermutungen oder Erfindungen. Wie in Kürze deutlich werden wird, spreche ich von empirischen Erfahrungen, und ich bin Dutzende von Malen Zeuge solcher Szenen geworden. Ich wurde an einem Mittwoch geboren, und »Mittwochskind ist voller Not«.)

Das Wochentags-Datums-Problem wäre relativ einfach zu lösen, wenn diese unbequeme menschliche Definition

– und damit die Notwendigkeit, jedes Jahr einen Tag hinzuzufügen – die einzige Schwierigkeit wäre. Dann könnte
man jedes beliebige Datum des laufenden Jahres im Kalender nachschlagen, die Differenz zwischen dem laufenden und dem gesuchten Jahr ausrechnen, das Ergebnis
durch sieben teilen und den Rest der Division von dem
diesjährigen Wochentag abziehen.

Aber jetzt funkt die Natur mit einer zusätzlichen
Schwierigkeit dazwischen; ihre Ursache sind die Tagesbruchteile des Jahres und die daraus erwachsende Notwendigkeit, Schaltjahre einzufügen. Das Jahr umfaßt 52
Wochen und einen Tag – außer in Schaltjahren: Dann
sind es 52 Wochen und zwei Tage. Um den Wochentag für
ein bestimmtes Datum eines Jahres in der Vergangenheit
(oder Zukunft) festzustellen, muß man also zunächst wiederum das Datum im Kalender des laufenden Jahres nachsehen. Dann muß man zwei Berechnungen durchführen:
Erstens zieht man die *menschlichen Launen* in Betracht
und korrigiert im Hinblick auf den zusätzlichen Tag, weil
jedes Jahr 52 Wochen und einen Tag umfaßt; und zweitens
berücksichtigt man die *Komplikationen der Natur* und
nimmt für den zweiten zusätzlichen Tag jedes Schaltjahres
eine weitere Korrektur vor (wobei man, wenn man über
Jahrhunderte rechnet, nicht die gregorianische Regel vergessen darf: Zu allen Jahrhundertwenden, die nicht durch
400 teilbar sind, findet kein Schaltjahr statt).

Die ganze Prozedur wird also ziemlich kompliziert –
und die Übung, den Wochentag für ein Datum in weit

entfernten Jahren zu finden (und das so schnell, daß es einen selbst und andere noch interessiert), läuft unter dem Namen »Datums-Wochentags-Berechnung«. Auch dieses Thema gab Anlaß zu einer erstaunlich umfangreichen, gelehrten Literatur. Manche Menschen können Wochentage verblüffend schnell berechnen; sie geben sofort (und fehlerlos) den Wochentag für jedes Datum in jedem beliebigen Jahr an, oft ohne erkennbare Schwierigkeiten über Jahrhunderte oder Jahrtausende hinweg.

Eine Haupterkenntnis aus dieser Literatur lautet: Einige der berühmtesten und leistungsfähigsten Datums-Wochentags-Rechenkünstler waren geistig behinderte oder autistische Menschen; ihre allgemeinen geistigen Fähigkeiten und Leistungen waren so eingeschränkt, daß niemand genau weiß, wie sie eine derart seltsame, komplizierte und abgelegene Fertigkeit entwickeln konnten. Was könnte erstaunlicher, magischer oder sogar wundersamer sein? Die Datums-Wochentags-Berechnung erscheint schon normalen Sterblichen schwierig genug; wie können Menschen mit derart stark eingeschränkten Fähigkeiten so etwas schaffen? Welche Aufschlüsse liefern ihre Leistungen über das Wesen der menschlichen Intelligenz – vom menschlichen Mut ganz zu schweigen? Mein letzter Abschnitt erzählt die Geschichte eines solchen Menschen.

Teil 2
Fünf Wochen

Dichter, die so oft die Verbindung zwischen allen Dingen preisen, haben einmal gesagt, das Fallen eines Blütenblattes müsse einen fernen Stern erschüttern. Wir sollten dankbar sein, daß die Verknüpfungen im Universum nicht ganz so eng sind, denn in einem Kosmos voller derart dichter Bindungen gäbe es uns nicht einmal.

Georges Cuvier, der größte französische Naturforscher des frühen 19. Jahrhunderts, vertrat die Ansicht, Evolution könne nicht stattfinden, weil alle Körperteile zu eng zusammenhängen. Veränderte sich einer davon, müßten sich demnach auch alle anderen Teile entsprechend wandeln, damit eine neue, aber ebenso elegante Konstruktion für eine andere Lebensweise entsteht. Da wir uns eine solch umfassende Veränderung aller Einzelteile zu neuer Vollkommenheit aber nicht vorstellen können, ist eine Evolution der Lebewesen unmöglich.

Die eine Hälfte von Cuviers Argumentation ist sicher stichhaltig. Wenn Evolution derart umfassende Veränderungen erforderte, könnte ein solcher Vorgang durchaus unmöglich sein. Aber Körperteile haben im wesentlichen den Charakter von Bausteinen, und man kann sie weit-

gehend trennen. Alpha Centauri (von den weiter entfernten Sternen gar nicht zu reden) nimmt nicht mit
dem geringsten Blinzeln Notiz davon, daß Klein-Susi die
Blütenblätter vom Gänseblümchen pflückt – »er liebt
mich, er liebt mich nicht...« Und obwohl der Fußkno-
chen mit dem Unterschenkelknochen verbunden ist,
kann die Evolution die Zahl der Streifen auf dem Haus
einer Schnecke verändern, ohne daß die Zahl der Zähne
ihrer Radula (Kiefer) sich verändert.

Auch die Gehirnfunktionen und die menschliche Intelligenz im allgemeinen sind in der Regel aus Modulen
aufgebaut und lassen sich auseinandernehmen. Im Gehirn lauert kein g-Faktor, kein einheitliches Maß der
»allgemeinen Intelligenz«, und deshalb lassen Menschen
sich auch nicht nach der ererbten Menge eines zusam-
menhängenden Gebildes, das man in einer einzigen Zahl
namens IQ angeben könnte, in Rangstufen unterteilen.
(Meine Kritik an dieser Haltung habe ich in meinem
Buch *Der falsch vermessene Mensch* dargelegt.) *Intelligenz*
ist vielmehr ein Wort aus der Umgangssprache; wir wenden es auf die große Zahl relativ unabhängiger mentaler
Eigenschaften an, die in ihrer Gesamtheit etwas bilden,
das wir »Geist« nennen.

Das beste, klassische Beispiel für die relative Unabhän-
gigkeit der geistigen Eigenschaften findet man in einem
verblüffenden Phänomen: Es wird an den Menschen deutlich, die man früher mit dem unglaublich kaltschnäuzi-
gen Begriff *idiots savants* (»kluge Idioten«) belegte – das

sind geistig Behinderte mit einer genau umgrenzten, ab-
trennbaren Fähigkeit, die derart hoch entwickelt ist, daß
sie uns schon bei einem Menschen mit normaler Intelligenz überraschen würde; bei einer Person, die in anderer
Hinsicht über höchst begrenzte Fertigkeiten verfügt, erscheint sie einfach wie ein Wunder. Manche *savants* können blitzschnell kopfrechnen – sie multiplizieren und
dividieren im Handumdrehen lange Zahlenkolonnen mit
fehlerloser Genauigkeit, können aber auf einen Dollar
nicht herausgeben oder verstehen nicht einmal, was damit gemeint ist. (Eine solche Gestalt spielte Dustin Hoff-
man höchst einfühlsam in *Rain Man.*) Andere können
Bilder komplizierter Szenen, die sie nur einmal für einen
kurzen Augenblick gesehen haben, bis ins kleinste Detail
genau zeichnen – aber sie sind nicht fähig zu lesen, zu
schreiben oder zu sprechen.

Diese Menschen faszinieren uns aus zwei ganz verschiedenen Gründen. Uns stockt der Atem, weil sie so
ungewöhnlich sind, und Extreme (der größte, der wilde-
ste, der häßlichste, der intelligenteste Mensch) wirken
immer faszinierend. Dieser zutiefst menschlichen Neigung brauchen wir uns nicht zu schämen. Aber die
savants zwingen uns auch deshalb zur Aufmerksamkeit,
weil wir spüren, daß sie uns möglicherweise etwas Wichtiges über das Wesen der normalen Intelligenz lehren
können – über einen Durchschnitt erfahren wir häufig
am meisten, wenn wir die Ursachen einer extremen Abweichung verstehen.

Immer wurden zwei Interpretationen für die *savants* bevorzugt (beide sind zu einfach und vermutlich falsch, aber sie stellen nach wie vor einen vernünftigen ersten Schritt zur Formulierung des Problems dar). Erwerben diese Menschen ihre außergewöhnliche Fähigkeit, weil sie eine Sache entdecken, die sie können – und dann hart und fleißig arbeiten, um sie weiterzuentwickeln? Dann könnte vermutlich jeder von uns die gleiche Fähigkeit beherrschen, nur würden wir nie soviel Zeit in eine einzige geistige Tätigkeit investieren. (Nach dieser Vorstellung unterscheidet sich das Gehirnmodul des *savant*, in dem die übermäßig ausgeprägte Fähigkeit angesiedelt ist, nicht von unserem eigenen – und das Phänomen ist eine Lehre über das Wesen hingebungsvoller Arbeit.)

Oder entwickelt sich eine solche Fähigkeit bei diesen Menschen, weil ein Defekt in einem Teil des Gehirns durch die ungewöhnlich starke Entwicklung eines anderen ausgeglichen wird? Wenn es so ist, könnten die meisten von uns die Fähigkeit des *savant* nicht erwerben, selbst wenn wir uns mit dieser einen Tätigkeit noch so viel Mühe geben. (Nach dieser Vorstellung unterscheidet sich das Gehirn des *savant* von unserem in dem Modul, das diese besondere Fähigkeit steuert – und aus der Untersuchung eines solchen Phänomens können wir dann etwas Wichtiges über die körperliche Natur des Geistigen lernen.)

Jedenfalls ist die Datums-Wochentags-Berechnung eine der berühmtesten und häufigsten »Bruchstückfähigkeiten«, die sich bei vielen *savants* ausprägen. Das Thema war Anlaß zahlreicher Untersuchungen, die in zwei kürzlich erschienenen Büchern sehr gut zusammengefaßt werden (Steven B. Smith, *The Great Mental Calculators*, Columbia University Press, 1983; und Darold A. Treffert, *Extraordinary People: Understanding »Idiots Savants«*, Harper and Row 1989). Die Literatur über geistig behinderte und autistische Datums-Wochentags-Rechenkünstler wurde immer von einer naheliegenden Frage beherrscht: Wie machen sie es?

Die einfachste Methode – einfach einen *savant* zu fragen, wie er die Berechnung anstellt – funktioniert nicht. Die wenigsten von uns können anständig erklären, wie wir die Dinge schaffen, die wir am besten können, denn unsere wirklich ungewöhnlichen Leistungen erscheinen uns als etwas Automatisches. (Die Unfähigkeit der Spitzensportler, ihre außergewöhnlichen Fähigkeiten zu beschreiben, ist berühmt – »hm, na ja, ich guck' einfach den Ball an und…« Intellektuelle, die Licht in ihre literarischen oder mathematischen Fähigkeiten bringen sollen, machen es nicht besser – »hm, nun ja, ich hatte einen Traum, da sah ich diese sechs Schlangen, und…«) Wenn *savants* überhaupt sprechen, sagen sie vielfach: »Ich mache es einfach.« Besser könnten die meisten von uns ihre besonderen Fähigkeiten nicht beschreiben.

In der Literatur wurden zwei grundlegende Vorgehensweisen in Betracht gezogen – und die Ergebnisse sind in der Regel nicht schlüssig, wenn es darum geht, die üblichen vielfältigen Ursachen menschlicher Leistungen zu verdeutlichen. Das heißt, manche *savants* machen es auf diese Weise, andere auf jene, wieder andere mit einer Kombination von beiden, und noch andere auf eine Art, die bisher nicht genau ermittelt wurde. Erstens dürfte ein *savant* über eine außergewöhnliche, wirklich eidetische Erinnerungsfähigkeit verfügen. Dann hat ein Datums-Wochentags-Rechenkünstler einfach den Kalender für eine bestimmte Zahl von Jahren im Kopf, und den Wochentag für ein beliebiges Datum liest er unmittelbar aus dem Gedächtnis ab. Zweitens könnte der *savant* auch einen Algorithmus oder eine Rechenregel entwickeln und diese Regel dann so oft, mit solcher Konzentration und Hingabe anwenden, daß die Berechnung äußerst schnell abläuft und zu seiner »zweiten Natur« wird. Irgendwann empfindet er dann die Berechnung als etwas Automatisches.

Manche Datums-Wochentags-Rechenkünstler bedienen sich ausschließlich des Gedächtnisses – diese Methode kann man dingfest machen, weil diejenigen, die sie anwenden, sich meist nur eine begrenzte Zahl von Jahren merken. Ein *savant*, der die Datums-Wochentags-Berechnung beispielsweise für die Jahre von 1980 bis 2020 ausführen kann und von den Daten in früheren oder späteren Jahren keine Ahnung hat, erinnert sich wahrscheinlich an die Kalender von 40 Jahren (die Wissenschaftler können das überprüfen, indem sie im Bücherregal der Versuchsperson nachsehen oder nachfragen, ob sie einen immerwährenden Kalender für eine bestimmte Zahl von Jahren besitzt).

Aber viele Datums-Wochentags-Rechenkünstler, darunter auch der zuvor beschriebene junge Mann, bedienen
sich selbsterfundener Algorithmen. Manche von ihnen,
so auch meine Versuchsperson, können mühelos rechnen
– anscheinend im Handumdrehen, manchmal über Tausende von Jahren hinweg und ohne erkennbaren Zeitun-
terschied, ob das zu berechnende Datum nun zwei oder
200 Jahre zurückliegt. Die Behauptung, manche *savants*
benutzten Algorithmen, läßt immer noch zwei Rätsel
und Verwicklungen unbeantwortet – und auch sie spielen
in der Literatur über das Thema eine große Rolle. Erstens
ist die Datums-Wochentags-Berechnung, wie ich im vor-
angegangenen Abschnitt gezeigt habe, ein zweistufiger
Vorgang. Man muß zunächst den Wochentag in einem
Bezugsjahr wissen – in der Regel im laufenden Jahr, das
im Kalender steht. Dann kann man den Algorithmus anwenden und die Differenz zwischen laufendem und ge-
suchtem Jahr berechnen. Aber ganz gleich, wie gut der
Algorithmus ist: Man muß immer eine Bezugsgröße im
Gedächtnis haben. (Natürlich könnte man zu Beginn
immer den Wochentag in einem Taschenkalender des
laufenden Jahres nachschlagen – aber kein Datums-Wochentags-Rechenkünstler, der etwas auf sich hält, würde
sich eines solchen Hilfsmittels bedienen.)

Zweitens – und das ist potentiell von größerem Interesse für das Verständnis geistiger Vorgänge im allgemeinen – nehmen die meisten mit Algorithmen arbeitenden
Rechenkünstler – darunter auch meine Versuchsperson –

ihre Berechnungen viel zu schnell vor, als daß sie den Algorithmus bewußt anwenden könnten. Ein bekanntes Beispiel stammt von einem Doktoranden, der George und Charles untersuchte, jene berühmten, mathematisch begabten Zwillinge (und höchst fähigen Datums-Wochentags-Rechenkünstler), die Oliver Sacks in einem Kapitel seines Buches *Der Mann, der seine Frau mit einem Hut verwechselte* so ausgezeichnet und ergreifend beschrieben hat: Der Doktorand versuchte, es ihnen mit ihrer Fähigkeit zur Datums-Wochentags-Berechnung gleichzutun, indem er ihre Methode mit der gleichen Zielstrebigkeit anwandte, die man bei vielen *idiots savants* beobachtet. Wie sich herausstellte, konnte er die Berechnung durchführen, aber lange Zeit erreichte er dabei nicht annähernd die gleiche Geschwindigkeit. Schließlich und auf eine Art, die er selbst nie genau beschreiben konnte, machte es plötzlich »klick«, und die Methode fühlte sich wie etwas Automatisches an. Jetzt war der Doktorand den Zwillingen ebenbürtig. Darold Treffert zitiert in seinem Buch einen Bericht von Dr. Bernard Rimland über das Experiment:

> Langdon übte Tag und Nacht. Er versuchte, ein hohes Maß an Leistungsfähigkeit zu entwickeln ... Aber trotz eines gewaltigen Übungspensums erreichte er die Geschwindigkeit der Zwillinge lange Zeit nicht. Dann plötzlich merkte er, daß er mit ihnen mithalten konnte. Zu Langdons völliger Überraschung hatte sein Gehirn die komplizierten Berechnungen irgendwie automatisiert; es hatte sich die Tabelle, die man sich merken muß, so

wirksam angeeignet, daß die kalendarische Berechnung ihm zur zweiten Natur geworden war; er mußte die verschiedenen Rechenoperationen nicht mehr bewußt abarbeiten.

Der junge Mann, den ich kenne – er ist heute vermutlich einer der besten Datums-Wochentags-Rechenkünstler unseres Landes – ist Autist und in seiner Kognitionsfähigkeit stark eingeschränkt. Er verfügt über eine gute Sprachfähigkeit, aber sein Verständnis für Absichten und emotionale Ursachen ist praktisch gleich null. Grundlegende physikalische Kausalitätsbeziehungen versteht er – er weiß, daß ein Gegenstand, den man fallen läßt, zu Boden fällt, oder daß ein geworfener Ball gegen die Wand fliegt –, aber die Motive der Menschen oder die »inneren« Ursachen, die hinter ihren Handlungen stehen, kann er nicht erkennen. In einem Buch oder Film versteht er nicht einmal die einfachste Handlung. Er kann spielen in dem Sinne, daß er lernt, die Regeln eines Spiels mechanisch zu befolgen, aber er hat keine Ahnung, warum Menschen sich mit so etwas beschäftigen, und Aspekte wie Rangfolge, Gewinnen und Verlieren hat er nicht einmal ansatzweise begriffen.

Menschen sind vor allem Geschichtenerzähler. Wir organisieren die Welt als eine Reihe von Berichten. Wie soll also jemand in seiner verwirrenden Umgebung auch nur den geringsten Sinn finden, wenn er Geschichten nicht versteht oder den Menschen keine Absichten unterstellen kann? In den gesamten Annalen des menschlichen Überschwanges finde ich kein erhebenderes Thema

als den Ausgleich, den Menschen finden und schaffen
wollen, wenn die Widrigkeiten des Lebens sie grundlegender Merkmale unseres gemeinsamen Wesens beraubt
haben.

Wie Körperbehinderte im Leben zurechtkommen, verstehen wir meist, aber selten kümmern wir uns um ähn-
liche Bemühungen der geistig Behinderten. Jeder von
uns muß das »summende und wuchernde« Durcheinander der Außenwelt ordnen – und wenn wir keine Geschichten verstehen, müssen wir einen anderen Weg
finden. Dieser junge Mann hat sich sein ganzes Leben
lang Mühe gegeben, um Regelmäßigkeiten zu finden, die
einen Fixpunkt in dem Kuddelmuddel um ihn herum
darstellen und allem einen Sinn geben können. Viele
seiner Anstrengungen waren Sackgassen oder ein Kampf
gegen Windmühlenflügel.

Da er in Gesichtern so schlecht lesen kann, hatte er
sich jahrelang damit herumgeschlagen, im Tonfall oder
der Lautstärke der Stimme zusätzliche Anhaltspunkte zu
finden. Bedeutet eine hohe Stimme, daß jemand glücklich ist? Ist laut gleich wütend? Er spielte dieselbe Schall-
platte mit unterschiedlicher Geschwindigkeit ab und
machte aus Paul Robeson bei 33 Umdrehungen den
Klang einer Frauenstimme bei 78 – immer in der Hoffnung (so jedenfalls meine Vermutung), er könne daraus
eine Regel ableiten, eine Richtlinie für seine Handlungen. Er hat sie nie gefunden, aber er versucht es immer
noch. Als er ganz klein war, entwickelten sich gewisse

mathematische Fähigkeiten, die er sofort nutzbringend einsetzte. Er stoppte die Spieldauer aller seiner 33er-Platten und versuchte eine Gesetzmäßigkeit für den Zusammenhang zwischen der Art der Musik und der Länge der Aufnahme zu finden. Aber das führte nicht weiter, und schließlich gab er es auf.

Zuletzt fand er den Schlüssel, der funktionierte – die Chronologie. Was könnte sich als allgemeines Organisationshilfsmittel eignen, wenn man Geschichten nicht versteht? Der lineare Ablauf der Zeit! Man weiß vielleicht nicht, warum oder wie oder ob oder was, aber zumindest kann man alle Elemente in zeitlicher Reihenfolge ordnen, ohne sich um ihre Kausalzusammenhänge zu kümmern – dieses war vor jenem, jenes vor etwas Drittem, das Dritte vor diesem hier. Er hatte gewonnen. Dieser junge Mann kann berichten, was an jedem einzelnen Tag während der letzten zwanzig Jahre seines Lebens geschehen ist. Da er die Wichtigkeit der Ereignisse nicht beurteilt wie wir, erscheint ein Vorgang, den er sich gemerkt hat, uns häufig banal; deshalb erinnern wir uns nicht daran, so daß wir den Wahrheitsgehalt nicht überprüfen können – »An dem und dem Tag sagte Michael Ianuzzi ›Wow‹«. Aber wenn wir es nachvollziehen können, hat er immer recht – »Am 4. Juli 1981 haben wir am Charles River das Feuerwerk gesehen«.

Ich glaube, ich weiß auch, warum er sich überhaupt für die Datums-Wochentags-Berechnungen interessierte. Zeitliche Reihenfolgen waren der Grundstein für die

Ordnung in seinem Leben geworden. Und was könnte einen besseren Dreh- und Angelpunkt abgeben – und eher eine verborgene, aber entscheidende Bedeutung haben – als der interessante Wechsel der Wochentage an jedem einzelnen Datum von Jahr zu Jahr? Hinter alldem muß doch eine Gesetzmäßigkeit stehen. Wie könnte sie aussehen? Also strengte er sich an, und dann fand er es heraus. Ich konnte zusehen, wie seine Fähigkeiten wuchsen, aber wie er die Berechnung vornahm, wußte ich nie.

Wenn man sich von anderen durch eine enggefaßte »Sonderbegabung« abheben will, kann ich mir keine schönere Wahl vorstellen als die Datums-Wochentags-Berechnung. Die meisten Menschen interessieren sich dafür, an welchem Wochentag sie geboren wurden. Aber diese Information ist gar nicht einfach zu beschaffen. Man kann es nicht im Lexikon nachschlagen, und in einem gewöhnlichen Kalender findet man sie auch nicht. Wenn die Mutter sich nicht daran erinnert und uns den Wochentag gesagt hat, wissen wir es wahrscheinlich nicht. Um es festzustellen, muß man eine Datums-Wochentags-Berechnung durchführen – und dazu sind die meisten Menschen nicht in der Lage.

Damit wird dieser junge Mann zu einer unschätzbaren Informationsquelle. Ich habe gesehen, wie er nach Art der besten Politiker ein ganzes Zimmer voller Leute bediente. Zu Beginn steht er auf einer Seite des Raumes und stellt jedesmal die gleiche Frage: »An welchem Tag und in welchem Jahr wurden Sie geboren?« Der Gesprächspartner erwidert: »Am 10. September 1941«, oder sonst irgend etwas, und darauf antwortet der junge Mann, ohne auch nur eine Sekunde zu zögern und in einem besonderen Tonfall, den seine Freunde und Bekannte genau kennen: »An einem Mittwoch.« Er irrt sich nie. Eine halbe Stunde später sehe ich ihn am anderen Ende des Zimmers. Er hat die ganze Reihe abgeschritten – mit dem Selbstbewußtsein eines Diplomaten, aber er hat wesentlich mehr echtes Interesse geweckt. Auch die Rückmeldung ist für ihn sehr lohnend – daß die Menschen es wissen wollen und ihm wirklich dankbar sind. Seine Fähigkeit erscheint ihnen unergründlich und verblüffend – und das sagen sie ihm auch. Ein paar Streicheleinheiten helfen stets weiter, insbesondere einem Menschen, der sich so eifrig bemüht hat, das Durcheinander um sich herum zu begreifen, und der dabei so viele Fehlschläge einstecken mußte.

Was diese ehrfurchtgebietende Fähigkeit der Datums-Wochentags-Berechnung für ihn bedeutete, habe ich immer verstanden, aber ich wollte wissen, wie er es anstellte – und das konnte er mir nie sagen. Ein paar Bruchstücke fand ich heraus. Ich wußte, daß er mit einem Algorithmus arbeitet: Der Kalender des laufenden Jahres (den er todsicher und offenbar eidetisch im Kopf hat) dient ihm als Bezugsgröße und Ausgangspunkt. Er kennt die gregorianischen Regeln für die Schaltjahre und kann deshalb seine Berechnungen sofort über Jahrhunderte und Jahrtausende hinweg ausweiten. Aber was für einen Algorithmus benutzt er?

Er zieht beide Teile des allgemeinen Problems in Betracht – wer nach einem Algorithmus rechnet, muß das auch. Er weiß, daß ein normales Jahr 52 Wochen und einen Tag umfaßt und daß sich der Wochentag für dasselbe Datum demnach von einem Jahr zum nächsten um einen Tag nach hinten verschiebt – fällt ein Datum in diesem Jahr auf einen Dienstag, ist es im nächsten ein Mittwoch. Ihm ist auch bekannt, daß für die Schaltjahre eine zusätzliche Korrektur notwendig ist. Aber wie kombinierte er die beiden Korrekturen? Was für eine Regel hatte er entwickelt? Ich war mit meinem Latein am Ende.

Dann unterhielt ich mich mit einem englischen Fernsehproduzenten, der eine Sendung über die *savants* gemacht hatte. Er erklärte mir: »Fragen Sie ihn mal, ob an der Zahl 28 etwas Besonderes ist. Alle Rechenkünstler, die mir begegnet sind, haben diese Regel entdeckt.« Ich kannte die Regel nicht und fragte ihn danach. »Was ist denn das Besondere an der 28?« »Wußten Sie das nicht?« erwiderte er. »Der Kalender hat einen Wiederholungszyklus von 28 Jahren. In diesem Jahr sieht er genauso aus wie vor 28 Jahren.«

Sofort wurde mir klar, warum es so sein muß – und ich fand es auf die gleiche Weise heraus wie jeder normale Naturwissenschaftler mit einem Minimum an mathematischem Grundlagenwissen. Natürlich. Die Verschiebung zwischen Wochentag und Datum ergibt sich durch die gleichzeitige Wirkung zweier verschiedener Zyklen. Der erste ist sieben Jahre lang und beruht darauf, daß jedes

Jahr ein Tag übrigbleibt – nach sieben Jahren (wenn man die Schaltjahre außer acht läßt) ist der Kalender wieder am Anfang angelangt, und der 10. Juli an einem Mittwoch wird wieder der 10. Juli an einem Mittwoch. Und zweitens wirkt ein Vierjahreszyklus, weil alle vier Jahre zusätzlich ein Schalttag eingefügt wird. Nun kramte ich eine alte Rechenregel aus meiner Schulzeit wieder hervor: Wenn zwei Zyklen parallel wirken, ergibt sich die Gesamtzeit bis zur Wiederholung aus dem Produkt der beiden Zykluszeiten. Sieben mal vier ist 28. Der Kalender muß also einen Wiederholungszyklus von 28 Jahren haben – und dieser Zyklus wird zu einem naheliegenden Hilfsmittel, mit dem sich die Datums-Wochentags-Berechnung vereinfachen läßt. Alle 28 Jahre gilt der gleiche Kalender. 1998 sieht er genauso aus wie 1970. Wir wissen bereits, daß die Daten sich 1999 um einen Wochentag nach hinten verschieben werden – 1971 ist das gleiche wie 1999. Und so weiter.

Ich hatte das mit ein wenig elementarer Arithmetik herausgefunden, aber so konnte mein autistischer Freund es nicht geschafft haben. Ich war sehr neugierig, ob er etwas von der Achtundzwanziger-Regel wußte. Und wenn ja: Hätte ich dann endlich den Schlüssel zu seinem Algorithmus entdeckt? Würde ich dann endlich verstehen, wie er seine unglaublichen Berechungen so blitzschnell ausführte? Also fragte ich ihn: »Hat es mit der Zahl 28 irgend etwas Besonderes auf sich, wenn du den Wochentag für ein Datum in verschiedenen Jahren herausfindest?«

Darauf gab er mir die schönste Antwort, die ich jemals gehört habe – allerdings verstand ich zunächst nicht das geringste. Er sagte: »Ja ... fünf Wochen.«

Ich war wie vor den Kopf gestoßen. Er mußte mich mißverstanden haben, und seine Antwort schien völlig sinnlos. Deshalb fragte ich noch einmal: »Hat es mit der Zahl 28 irgend etwas Besonderes auf sich, wenn du den Wochentag für ein Datum in verschiedenen Jahren herausfindest?« Und wieder antwortete er ohne Zögern: »Ja ... fünf Wochen.«

Ein paar Stunden später ging mir ein Licht auf. Seine Lösung war so schön, daß ich weinen mußte. Meine arithmetische Regel über die Multiplikation der Dauer zweier unterschiedlicher Zyklen konnte er nicht anwenden, ja er verstand sie nicht einmal. Er war nur in der Lage, konkrete Tage zu zählen, einen nach dem anderen. Indem er auf diese Weise – es war die einzige, die ihm zu Verfügung stand – konkret gedacht hatte, war er zu folgendem Prinzip gelangt: Ein Jahr umfaßt 52 Wochen und ein paar zusätzliche Tage – einen in normalen Jahren, zwei in Schaltjahren. Läßt sich die Gesamtzahl der zusätzlichen Tage glatt durch sieben teilen, ist der Kalender des betreffenden Jahres mit dem bereits bekannten Kalender des laufenden Jahres identisch. (Das Prinzip gilt mit subtrahierten Tagen für vergangene Jahre und ebenso mit addierten Tagen für die Zukunft.) Wenn ich die Mindestzahl von Jahren herausfinden kann, nach der die Zahl der zusätzlichen Tage immer die gleiche und immer genau durch sieben teilbar ist, muß der Kalender sich wiederholen, und ich habe meine Regel gefunden.

Also zählte er die zusätzlichen Tage ganz konkret, einen nach dem anderen, Jahr für Jahr. Jeder Zeitraum von weniger als 28 Jahren konnte nicht funktionieren, weil er unterschiedlich viele Schaltjahre enthält. Eine Periode von 13 Jahren kann beispielsweise (wie 1960–1972) vier Schaltjahre enthalten oder auch nur drei (1961–1973). Handelt es sich aber um 28 Jahre – und bei keiner niedrigeren Zahl –, klappt alles genau. Jede Phase von 28 enthält unabhängig davon, wann sie beginnt oder endet, stets genau sieben Schaltjahre. (Die gregorianische Regel, wonach Schaltjahre zu den meisten Jahrhundertwenden ausfallen, lasse ich dabei außer acht. Sie erfordert, wie jeder Datums-Wochentags-Rechenkünstler weiß, eine besondere Korrektur – und man muß sie gesondert im Auge behalten.) Jede Zeitspanne von 28 Jahren enthält auch 28 zusätzliche Tage aufgrund der Regel, daß jedes Jahr einen überzähligen Tag umfaßt. Demnach kommen in jeder 28-Jahres-Periode genau 35 Tage hinzu, nicht mehr und nicht weniger: einer für jedes der 28 Jahre und sieben weitere für die immer gleiche Zahl von sieben Schaltjahren. Da 35 genau durch 7 teilbar ist, muß der Kalender sich alle 28 Jahre wiederholen.

Jetzt endlich verstand ich, wie dieser begabte Datums-Wochentags-Rechenkünstler vorging. Er hatte die zusätzlichen Tage konkret dazugezählt, die einzige Methode, die seinem Geist zur Verfügung stand. Meine seelenlose, auswendig gelernte Regel aus Schülertagen – warum sie stimmt, weiß ich eigentlich bis heute nicht – mit der Multiplikation der Dauer zusammenfallender Zyklen konnte er nicht anwenden. Er hatte mühselig einen Tag nach dem anderen dazugezählt, bis er bei 28 Jahren angelangt war, dem ersten Zeitraum, nach dem immer genau die gleiche Zahl zusätzlicher Tage hinzugekommen ist, wobei man die Zahl dieser überzähligen Tage genau durch 7 teilen kann. 28 Jahre umfassen jeweils 35 überzählige Tage, und 35 überzählige Tage ergeben fünf Wochen. Wie man sieht, hatte er auf meine Frage tatsächlich die richtige Antwort gegeben – ich hatte ihn nur anfangs nicht verstanden. Ich hatte gefragt: »Hat es mit der Zahl 28 irgend etwas Besonderes auf sich, wenn du den Wochentag für ein Datum in verschiedenen Jahren herausfindest?« Und er hatte geantwortet: »Ja … fünf Wochen.«

Würden wir doch alle von unseren besonderen Begabungen, so unterschiedlich und begrenzt sie vielleicht auch sind, auf so hervorragende Weise Gebrauch machen, wenn wir der edelsten aller geistigen Tätigkeiten nachgehen: dem Versuch, in dieser wunderbaren Welt und der kleinen Rolle, die wir in der Geschichte des Lebens spielen müssen, einen Sinn zu finden. Eigentlich habe ich seine schöne Antwort nicht vollständig wiedergegeben. Er sagte zu mir: »Ja, Papa, fünf Wochen.« Er heißt Jesse und ist mein ältester Sohn. Ich bin stolz auf ihn.

Bildnachweis

Register